# 메라비언 법칙

"나는 화려한 말보다
소박한 눈빛에 끌린다!"

# 메라비언 법칙

• 허은아 지음

위즈덤하우스

## '메라비언 법칙'이란

서로 대화하는 사람들을 관찰한 결과, 상대방에 대한 인상이나 호감을 결정하는 데 있어 목소리는 38%, 보디랭귀지는 55%의 영향을 미치는 반면, 말하는 내용은 겨우 7%만 작용함을 발견했다. 효과적인 소통에 있어 '비언어적' 요소가 차지하는 비율이 무려 93%나 된다는 것으로, 이를 '메라비언 법칙'이라고 한다. 캘리포니아대학교 로스앤젤레스캠퍼스(UCLA) 심리학과 명예교수인 앨버트 메라비언(Albert Mehrabian)이 1971년 자신의 저서 《침묵의 메시지(Silent Messages)》에 발표하면서 처음 알려졌다. 현재 설득, 협상, 마케팅, 광고, 프레젠테이션 등 커뮤니케이션과 관련된 모든 분야의 이론이 이 법칙을 기반으로 하고있다.

프롤로그

## 행동의 소리가 말의 소리보다 크다

누군가를 처음 만나고 헤어진 뒤 그를 다시 떠올려보라. 무엇이 생각나는가. 아마도 잘생겼는지 못생겼는지, 웃는 표정이었는지 무표정했는지, 얌전하게 앉아 있었는지 몸동작이 컸는지, 말할 때 조곤조곤했는지 목소리가 컸는지 등이 떠오를 것이다. 정작 그가 말한 내용은 기억나지 않을 수도 있고, 기억이 난다 해도 나중에서였을 것이다.

또한 구구절절 옳은 말만 하는데도 듣기 싫었던 경험이 있는 반면, 비난하거나 화를 내고 있는데도 기분 나쁘기는커녕 오히려 미안한 마음만 커졌던 경험도 있을 것이다. 혹 그 이유에 대해 생각해본 적 있는가?

### 7 : 38 : 55 규칙

캘리포니아대학교 로스앤젤레스캠퍼스$^{UCLA}$ 심리학과 명예교수인 앨버트 메라비언$^{Albert Mehrabian}$은 누군가와 첫 대면을 했을 때 그 사람에 대한 인상을 결정짓는 요소를 분석했다. 그의 연구에 따르면 서로 대화하는 사람들을 관찰한 결과, 상대방에 대한 호감을 결정하는 데 있어 목소리(Tone of voice)는 38%, 보디랭귀지(Non-verbal behavior)는 55%의 영향을 미치고, 말하는 내용(Words) 자체는 겨우 7%만 작용했다고 한다.

다시 말해 효과적으로 의사소통하는 데 있어 '비언어적' 요소가 차지하는 비율이 무려 93%나 된다는 것이다. 이를 '메라비언 법칙'이라고 한다. 찰나의 손동작 하나가 백 마디 말보다 많은 의미를 던질 수 있다.

이 법칙은 1971년 메라비언 박사가 자신의 저서 《침묵의 메시지(Silent Messages)》에 발표하며 처음 알려졌으며, '7:38:55 규칙'이라고도 한다. 결국 의사소통(Face to Face Communication)에 있어서 언어적 요소보다는 시각이나 청각과 같은 비언어적 요소가 중요하다는 것이다. 시각은 자세나 용모, 복장, 보디랭귀지 등 외적으로 보이는 부분을 말하며, 청각은 목소리의 톤이나 음색처럼 언어의 품질을 말하고, 언어는 말의 내용을 말한다. 따라서 상대방에게 효과적으로 어필하기 위해서는 몸짓 등의 시각적 요소와 목소리 등 청각적 요소, 그리고 메시지를 잘 조화시켜야 한다.

메라비언 법칙의 중요성을 확실하게 보여준 연구결과가 있다. 캘리포니아대학교의 댄 아르케(Dane Archer) 박사는 막 끝난 농구경기에 대해 두 남자가 토론하는 장면을 비디오테이프로 보여주고, 실험 참가자들에게 그 두 사람의 대화를 듣고 경기가 어땠는지 판단하게 하였다. 이때 두 사람이 얘기를 하는 방식이 달랐다. 한 사람은 말, 즉 언어적 요소만으로 이야기를 하였고, 다른 한 사람은 제스처, 표정, 억양 등 비언어적 요소를 섞어가며 말했다. 결과는 어떻게 나타났을까? 실험 참가자들은 비언어적 요소까지 동원한 사람의 말을 훨씬 더 신뢰했다.

이 법칙은 표정과 태도, 목소리의 크기 및 속도에 따라 무엇이 전해지고, 또 메시지가 어떻게 미묘하게 달라지는지 그 차이를 설명한다. 말하는 사람의 메시지(말의 내용)와 태도(표현, 비언어)가 일치하지 않는 '모호한 상황'에서는 대부분의 사람들이 말보다는 태도를 믿는다는 게 메라비언의 연구결과다. "행동의 소리가 말의 소리보다 크다"는 말은 메라비언 법칙을 단적으로 드러내는 표현이다.

또한 언어적 메시지가 사실을 전하는 것에 반해, 비언어적 메시지는 감정을 전달한다. 예를 들어 강연자가 프레젠테이션을 하면 강연의 내용은 구두로 완전히 전달되지만, 비언어적 단서는 발표자의 신념이나 태도, 느낌 등을 전달한다. 지금은 고인이 된 애플의 스티브잡스는 자신의 프레젠테이션에 메라비언 법칙을 가장 잘 활용한 프리젠터이기도 하다.

메라비언 법칙은 현재 설득, 협상, 마케팅, 광고, 프레젠테이션, 사회심리, 인성교육 등의 분야에서 가장 많이 참조하는 이론으로서, 커뮤니케이션 방식을 파악하는 데 놀랍도록 큰 기여를 했다. 커뮤니케이션 전문가들과 리더십 트레이너들, 정치인들은 지금도 메라비언 법칙에 의지해 활동하고 있다.

### 메라비언 법칙의 예

사실 우리는 모두 비언어커뮤니케이션을 하고 있다. 손가락의 움직임, 고개 끄덕임, 눈썹 올렸다 내리기, 아이 컨택 등 수많은 표현방법을 통해 대화의 흐름을 조절한다. 그렇다면 메라비언 법칙이 실생활에서 어떻게 활용되는지 구체적으로 살펴보자.

가장 많이 사용하는 손을 예로 들어보자. 말을 할 때 손바닥을 보이면 84%의 설득력이 있고, 손등을 보이면 52%의 설득력이 있다고 한다. 이에 반해 손가락을 이용해 의사를 전달할 때는 28%의 설득력이 있긴 하지만, 불쾌감을 느껴 자리를 뜨는 사람이 더 많았다는 연구결과가 있다. 간단한 손동작 하나도 상대방에게 큰 영향을 미칠 수 있으므로 결코 가벼이 여길 수 없음을 알 수 있다.

발동작은 어떨까? 일반적으로 머리에서 멀리 떨어진 신체부위일수록 속마음을 여실히 드러낸다. 그러므로 발은 속마음을 가장 정직하게 드러내는 신체부위라고 할 수 있다. 상대방과 마주서서 대화하는 경우를 머릿속에 그려보자. 만약 상대방이 마음에 든다면 당신의 다리는 물론, 몸 전체가 상대방을 향해 기울어 있을 것이다. 마음에 들지 않는다면 한쪽 발이 가고 싶은 방향, 혹은 문을 향해 있을 것이다. 당신이 후자의 자세로 서서 대화를 나눈다면 상대방은 비언어에 대한 지식이 없어도 당신이 자신과 대화하고 싶지 않다는 것을 본능적으로 느끼게 된다. 당연히 소통이 될 리 없고 당신에 대한 이미지는 깎일 수밖에 없다.

간단한 악수로도 이미지를 개선·향상시킬 수 있다. 흔히 극도의 예의를 보이고 싶어서 악수할 때 상대방의 손을 자신의 두 손으로 모두 감싸는 사람이 있는데, 이 경우 예의는커녕 상대방에게 오히려 불쾌감을 안겨줄 수 있다. 상대방에게 좋은 이미지를 심어주고 싶다면 적당히 힘주어 악수하되 다른 손으로 상대방의 팔꿈치를 감싸면 된다. 그러면 예의를 보이면서 상대방에게 자신감도 전달할 수 있다.

보디랭귀지나 표정, 목소리 등을 통해 우리는 지금도 많은 것을 전달하고, 전달받고 있다. 비언어를 효과적으로 활용하면 당연히 소통이 잘 될 수밖에 없다.

**말하지 않아도 많은 걸 느낄 수 있다**

불행히도 십수 년간의 현장 교육을 통해 느낀 점을 감히 말한다면, 우리나라 사람들이 가장 어려워하고 잘 못하는 것이 바로 비언어적 표현이다. 메라비언 법칙에서 알 수 있듯이 우리가 주고받는 메시지는 언어뿐만 아니라 보디랭귀지나 눈빛 등 비언어적인 방식으로도 전달된다. 이 두 가지 수단을 적절히 동원할 때 제대로 소통할 수 있는 것이다. 언어만으로는 느낌과 생각을 온전히 전달하지 못할 때가 있는데, 바로 여기에서 갈등이나 오해가 발생한다. 언어가 이성의 영역이라면 비언어는 감정의 영역이어서 보다 본질적이고 진정성 있게 자신의 의사를 표현할 수 있다. 그러므로 언어의 한계를 비언어로 보완할 필요가 있다.

이미지전략가로서 나는 많은 이들을 만나 컨설팅하면서 매력적이고 소통을 잘하는 사람들에게는 그들만의 비언어 요소들이 있다는 것을 확인했다. 그들 대부분은 자신의 매력을 배가시키는 긍정적인 표정과 눈빛, 보디랭귀지를 갖고 있다. 특히 메라비언 법칙은 말로는 모두 설명할 수 없는 모호한 상황에서 유용하기 때문에 첫 만남에서 상대방에게 좋은 인상을 주거나 설득과 협상을 해야 하는 사람, 발표자나 취업 면접 준비생 그리고 연예인들에게 활용도가 높다. 일례로 빌 클린턴 전 미국 대통령은 어느 누구보다 '메라비언 법칙'에 가장 적극적인 관심을 보이고 유세에 활용한 것으로 알려져 있다.

## 8가지 비언어커뮤니케이션 유형

대부분의 사람들은 자신만의 비언어로 소통하는데, 지금까지 2000명 이상을 대상으로 비언어커뮤니케이션 방식을 분석해보니 대체로 8가지 유형으로 구분됨을 확인할 수 있었다.

우선 유쾌하고 즐거운 이미지, 열정적이고 도전적인 이미지, 치밀하고 분석적인 이미지, 편안하고 부드러운 이미지, 이렇게 크게 4가지 유형으로 나눌 수 있다.

그런 다음 하부구조로 좀 더 세분화하면 우아하고 매혹적인 이미지, 지적이고 차분한 이미지, 강렬하고 섹시한 이미지, 사랑스럽고 귀여운 이미지, 이렇게 4가지가 추가되어 전체적으로 8가지 유형으로 구분된다.

## :: 메라비언 법칙을 통해 본 8가지 이미지 유형

| 유형구분 | | 속성 | 비언어커뮤니케이션 유형별 스타일 |
|---|---|---|---|
| 1 | 락樂 | 유쾌하고 즐거움 | 표정이나 행동이 밝고 활기찬 스타일로 힘이 넘치고 생기 가득한 이미지를 가진다. 다양한 표정과 함께 신체동작이 많고 말이 빠르다. |
| 2 | 열熱 | 열정적이고 도전적임 | 어떤 일에 열렬한 애정을 가지고 힘을 보여주는 스타일. 몸짓이 힘차며 시원스럽다. 특히 발걸음이 힘차고 빠르며 신체동작과 목소리가 대체로 크다. |
| 3 | 밀密 | 치밀하고 분석적임 | 빈틈없고 조심스러우며 분석적인 스타일. 자세가 바르며, 필요한 순간에 사용하는 손짓이 날카롭다. 표정 변화가 적고, 목소리 톤은 낮고 느리다. |
| 4 | 유柔 | 편안하고 부드러움 | 침착하고 여유 있는 유형으로 이미지가 부드럽고 친절한 스타일. 악수와 같은 접촉적 커뮤니케이션과 감정을 표현하는 표정이 자연스럽고, 신체동작과 말수가 적은 편이다. |
| 5 | 유+밀 柔+密 | 우아하고 매혹적임 | 부드러움과 치밀함이 어우러진 유형으로 고상하고 기품이 있으며 품위 있고 몸가짐이 다소곳한 스타일로 외적인 표현에 소극적인 편이다. 입가에 미소 띤 표정을 유지하며, 화려하지 않은 절제된 단순한 복장을 입고 신체동작이 느린 편이다. |
| 6 | 열+밀 熱+密 | 지적이고 차분함 | 열정과 치밀함이 어우러진 스타일. 본능이나 감정에 지배되지 않고 지식과 윤리에 따라 사물을 분별하고 능력이 뛰어나며 과업 중심적. 표정 변화가 거의 없고, 신체동작 활용을 자제하며, 격식을 차린 복장을 즐겨 입는다. |
| 7 | 열+락 熱+樂 | 강렬하고 섹시함 | 열정과 유쾌함이 어우러진 유형으로 성적 매력이 많은 스타일. 몸짓에 자신감이 넘치고, 과감한 복장을 소화하며 강렬한 시선으로 주위를 집중시킨다. |
| 8 | 유+락 柔+樂 | 사랑스럽고 귀여움 | 부드러움과 유쾌함이 어우러진 스타일. 외모가 예쁘고 목소리가 애교스러우며 관계를 중요시한다. 복장과 악세사리를 활용해 귀여움을 더한다. |

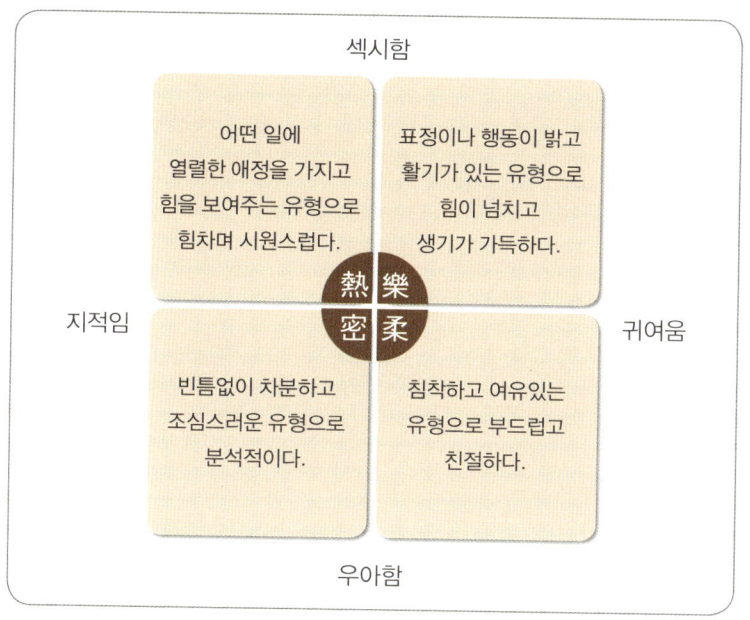

### 8가지 이미지 유형별 상관관계

마주 보고 있는 유형은 자신에게 가장 부족한 이미지다. 예를 들어 1번 열정적이고 도전적인 유형은 5번 편안하고 부드러운 이미지가 부족하다. 따라서 직업이나 목적하는 바에 따라 부족한 이미지를 보완하기 위해 노력할 필요가 있다. 아울러 자신과 다른 이미지 유형을 이해하기 위한 노력도 필요하다.

 그리고 자신의 유형 부근에 있는 이미지는 쉽게 흡수할 수 있고, 이미 그 이미지가 조금씩 나타나고 있는 경우가 많다. 예를 들어 1번 유쾌하고 즐거운 이미지의 사람은 섹시하거나 귀여운 표현을 쉽게 한다. 이 경우 표현방식이 외향적이고 적극적이면 섹시한 이미지에 가깝고, 복종적이거나 소극적이면 귀여운 이미지에 가깝다.

한편 1, 2, 3번 유형이 일 중심적이고 이성적이라면, 5, 6, 7번은 관계 중심적이고 감성적인 유형이라 볼 수 있다. 그리고 1, 8, 7번 유형이 적극적이고 외향적이라면, 3, 4, 5번 유형은 소극적이고 내향적인 성향이 많다. 이런 맥락에서 1번 열정적이고 도전적인 유형은 일 중심적이고 이성적이며 적극적이며 외향적인 이미지를 가진 유형이라고도 볼 수 있다. 4번 우아한 이미지 유형은 일과 관계 중심적인 부분이 융합되어 있으며 다소 소극적인 성향이라 볼 수 있다.

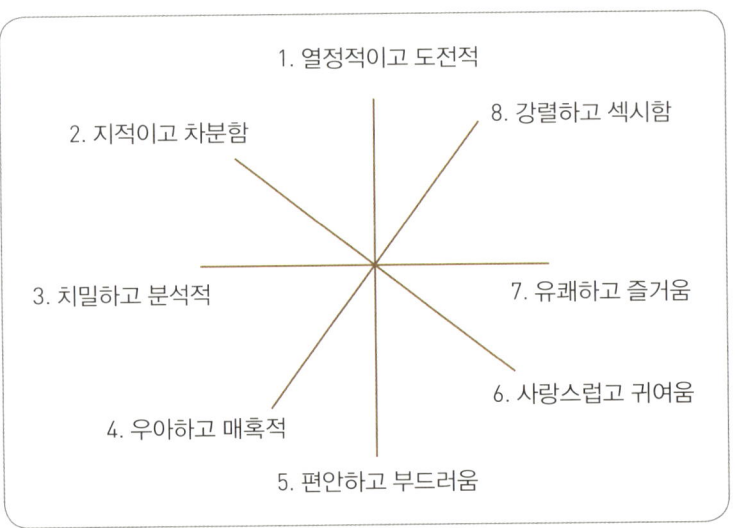

## 한국형 비언어커뮤니케이션

지금 서점에는 '메라비언 법칙'을 응용한 책들이 많이 출간돼 있다. 설득, 협상, 마케팅, 광고, 프레젠테이션 등 커뮤니케이션에 관련된 대부분의 서적이 이 법칙을 기반으로 삼고 있다고 보면 된다. 하지만 대부분이 번역서인 만큼 해외사례가 많고 실질적으로 우리나라 현실에 맞게 활용하기 애매한 경우가 많다. 그래서 나는 이 책에서 8가지 이미지 유형을 한국 실정에 맞는 인물과 사례를 통해 설명하고자 한다.

이를 위해 총 800여 명의 일반인을 대상으로 설문을 실시했다.* 인지도가 있는 인물을 선정한 뒤 각각의 인물이 어느 이미지 유형에 가까운지에 대한 응답을 받아 '한국형 비언어커뮤니케이션'의 8가지 유형에 대한 타당성을 확보했다.

설문결과는 대부분 예상대로 나왔으며, 아무래도 정치인을 방송/연예인들과 비교하는 것은 무리가 있을 수밖에 없기 때문에 박근혜와 문재인 등은 정치인 순위를 별도로 부여했다. 문재인의 경우 인물 유형 평가에서

---

* 설문개요
- 설문 일시 : 2011.11.22 ~ 28
- 설문 방식 : 인터넷 설문 대행업체를 이용한 온라인 서베이
- 설문 대상 : 20대 ~ 40대 남녀
- 인물 구분 및 표본 수 : 총 13명의 인물을 4개 그룹으로 나누어 각 인물에 대해 '어느 정도 알고 있다'라고 응답한 표본이 최소 200명 이상이 되도록 할당. 총 800명 이상 참여.
- 설문 내용 : 인물에 대한 인지도 및 비언어적커뮤니케이션 유형에 대한 질문, 인구통계학적 특성(성별, 연령, 거주 지역)
- 인물 프로필은 객관성과 일관성을 유지하기 위해 포털 사이트 네이버(www.naver.com)에 나오는 사진과 내용만을 사용하였고, 인지도 문항은 7점 리커트 척도로 구성했다.
- 설문에 포함되지 않은 인물은 유형별 이해를 돕기 위해 같은 툴을 활용해 추가로 분석한 것이다.

지적임 – 부드러움 – 치밀함……의 순서대로 나타났고, 통계$^{paired\ t\text{-}test}$결과 지적임이 부드러움보다 유의한 차로 1위로 나타났다. 결국 문재인에 대해서 사람들은 지적인 이미지를 가장 높게 평가한다고 생각할 수 있다.

유재석의 경우에는 전체 순위나 인물 유형분석에서 모두 유쾌함이 1순위로 나타났다. 아울러 현빈은 전체 순위나 인물 유형분석에서 부드러움이 강한 쪽으로 나타나고 있다. 아무래도 배우이다 보니 해당 역할에 따라 이미지가 달라질 수 있고, 따라서 전체적인 점수는 평균 이상으로 높게 나오는데 부드러움 이외의 특정한 이미지가 강하지는 않았다.

본문에서는 설문결과에 따른 인물별 분석 내용을 사례와 함께 구체적으로 소개할 것이다. 그들이 자신만의 이미지를 어떻게 갖게 되었는지, 즉 그들만의 매력요소를 찾아 분석하고, 그 이미지에 기반해 어떻게 소통하는지 살펴볼 것이다. 이를 통해 독자들도 자신만의 비언어커뮤니케이션 방법을 개발할 수 있을 것이다.

나는 특히 이런 사람들에게 이 책을 권하고 싶다.

- 타인과의 관계에서 소통을 잘하고 싶은 사람
- 타인에게 좋은 이미지를 주고 싶은 사람
- 타인에게 오해를 받고 싶지 않은 사람
- 설득과 협상이 필요한 직업을 가진 사람
- 연애를 잘하고 싶은 사람
- 신입이나 경력직 면접을 준비하는 취업준비생

- 기업의 이미지와 내·외부 고객관리가 필요한 CEO
- 자신만의 퍼스널브랜드 구축이 필요한 사람

이 책을 통해 자신의 비언어커뮤니케이션 방식에서 어떤 점을 더 강화하고, 어떤 점을 교정해 나갈지 찾길 바란다. 분명 자신이 원하는 이미지를 만들 수 있을 것이다. 그럼 이제부터 한국인의 8가지 비언어커뮤니케이션 유형에 대해 본격적으로 알아보자.

:: 차례

프롤로그 _ 행동의 소리가 말의 소리보다 크다   6

## 1장 ▪ 유쾌하고 즐거운 사람들의 소통법 ──────── 樂
"함께 있으면 즐겁지만 가볍고 조심성이 없어 보일 수도"

장단을 맞추는 고수(鼓手)의 미학 _ 유재석   28

역설과 반전의 직설화법 _ 김정운   35

위악(僞惡)의 진화와 변신 _ 이경규   43

음악적 코드를 활용한 구수한 소통 _ 김미경   50

**생각해보기 1** 외모보다 중요한 목소리   56


## 2장 ▪ 열정적이고 도전적인 사람들의 소통법 ──────── 熱
"에너지가 넘치지만 함께 있기 부담스러울 수도"

가창력을 몸짓으로 보여주는 디바 _ 박정현   66

강인함 속의 부드러운 미소 _ 정주영   70

반복 행동으로 형성된 '실행'의 아이콘 _ 장성덕   74

**생각해보기 2** 피노키오 효과   78

## 3장 ▪ 치밀하고 분석적인 사람들의 소통법 ——————— 密

"지적으로 보이지만 차가운 사람으로 비칠 수도"

신뢰를 부르는 무표정의 카리스마 _ **손석희**　86

탁월한 미디어 소통능력의 소유자 _ **김성주**　91

**생각해보기 3** 나에게 관심 있는 사람 알아내기　96

## 4장 ▪ 편안하고 부드러운 사람들의 소통법 ——————— 柔

"같이 있으면 편하지만 우유부단한 사람으로 인식될 수도"

부드러운 눈빛으로 말하는 상인한 배우 _ **현빈**　106

잘 짜인 '주름'의 푸근함 _ **안성기**　111

색이 없음을 자신의 색으로 만들다 _ **안철수**　116

**생각해보기 4** 케네디 vs. 닉슨 전쟁　121

## 5장 ▪ 우아하고 매혹적인 사람들의 소통법 ──── 柔+密
"신비로운 매력이 있지만 떠받들어줘야 하는 사람처럼 보일 수도"

매혹적인 '손짓' 프레젠테이션의 비밀 _ 김연아   130

부드러움과 치밀함의 완벽한 조화 _ 박근혜   137

엄격한 이미지를 눈물로 희석시키다 _ 김황식   143

**생각해보기 5** 첫인상의 중요성   148


## 6장 ▪ 지적이고 차분한 사람들의 소통법 ──── 熱+密
"똑똑해 보이지만 다가서기 힘든 사람으로 비칠 수도"

교과서적인 원칙의 상징 _ 반기문   158

친밀 영역 안에서 움직이다 _ 문재인   163

**생각해보기 6** 정치인의 이미지관리   169

## 7장 ▪ 강렬하고 섹시한 사람들의 소통법 ── 熱+樂

"화끈해 보이지만 신뢰감을 주기 어려울 수도"

섹시함에 유쾌함을 덧입히다 _ **장윤주** 182

미국의 정치 매너를 장착하다 _ **홍정욱** 188

**생각해보기 | 7** 퍼스트레이디의 패션 193

## 8장 ▪ 사랑스럽고 귀여운 사람들의 소통법 ── 柔+樂

"놀 때는 유쾌하지만 나이 값 못하는 사람으로 비칠 수도"

변화보다 강력한 일관성 _ **전성희** 202

복종적 몸짓의 승화 _ **최강희** 206

에필로그 210

부록 213

| 1장 |

# 유쾌하고 즐거운
# 사람들의 소통법

방송국 PD인 조 차장은 누가 봐도 유쾌한 사람이다. 그래서 함께 프로그램을 제작하는 스태프는 물론 출연진에게도 인기가 좋다. 회식자리에 그가 빠지면 모두가 서운해 할 정도로 방송국 내에서 분위기메이커로서의 위치를 확실하게 구축하고 있다. 조 차장의 가장 큰 장점은 누구를 만나든지 먼저 웃으며 인사해 주도권을 잡는다는 것이다. 또한 목소리는 어느 자리에 있어도 존재감을 느낄 수 있을 정도며, 웃음소리 역시 멀리서 들어도 알 수 있을 만큼 우렁차고 크다.

나와 상담하기 위해 찾아온 그는 앉은 자세가 바르거나 예의를 깍듯하게 차리는 스타일은 아니었지만, 말할 때는 손짓과 몸짓을 활용해 한층 실감나게 이야기를 전달했으며, 상대방이 말할 때는 이야기에 동화돼 적극적으로 고개를 끄덕이고 얼굴에는 다소 과장됐다 싶을 정도로 감정이 솔직하게 드러났다.

## 유쾌하고 즐거운 사람들의 특징

비언어커뮤니케이션을 관찰해 보았을 때 조 차장은 전형적인 락(樂) 유형의 사람이다. 락(樂) 유형은 말 그대로 유쾌함을 속성으로 가지고 있으며, 일반적으로 호의적인 인상에 말솜씨가 좋아 사람들을 많이 만나고 대인관계도 좋다. 또한 다른 유형에 비해 몸짓을 가장 잘 활용하고, 희노애락(喜怒哀樂)의 감정을 가장 잘 표현한다. 우리 주변에는 누군가에게 들은 이야기를 자신의 경험인양 재미나게 풀어내는 사람들이 있다. 마치 한 편의 연극을 보듯 때로는 과장되게, 때로는 능청스럽게 표정과 몸짓에 모든 감정을 실어 이야기를 지루하지 않게 풀어내는데, 거의 이 유형에 속한다고 생각하면 된다.

이때의 표정을 구체적으로 살펴보면 눈썹은 위로 올리고, 입은 모든 치아가 보이도록 활짝 벌리며, 웃을 때는 고개를 뒤로 한껏 넘긴 채 손은 위아래로 바삐 움직이다가 때로는 박수를 치기도 하고 때로는 책상을 두 손으로 두드리며 다리를 동동 구르기도 한다.

조심성이 없어 보일 수 있고, 가볍고 정신없는 사람이라는 오해를 받기도 하지만, 주변 사람들을 즐겁게 하며 생각이 낙천적인데다가 다른 사람에게 동기부여를 잘 히고 열정적이다. 게다가 다른 유형에 비해 워낙 몸짓이 과장됐기 때문에 어디서든 주목을 받으며, 목소리 톤이 높고 좋은 성량으로 말을 빠르게 잘하는 편이라 이 유형에 속한 사람은 연예인이나 강사 혹은 진행자로 활동하는 사람이 많다.

남들의 시선을 신경 쓰는 유형이기 때문에 외모 관리에는 시간을 꽤 쓰는 편이다. 다만 이 경우, 자신이 추구하는 멋을 자유롭게 표현하는 노홍철처럼 과장된 헤어스타일에 눈에 띄는 복장, 액세서리 등을 활용하는 사람이 있는가 하면, 유재석처럼 타인의 시선을 고려해 오히려 절제된 방식으로 자신만의 스타일을 표현하는 사람도 있다.

연애 스타일은 어떨까? 드라마나 영화에서의 키스 장면을 보면, 의외로 부끄럼이 많아 음악이나 조명 등을 활용해 먼저 로맨틱한 분위기를 연출하고자 노력하는 유형이다. 두 손으로 상대의 얼굴을 잡은 뒤 두 눈을 꼭 감은 채 살며시 당겨 키스하고, 키스 후에는 상황이 어색하지 않도록 환하게 미소 지으며 짧게 칭찬하기도 하는 등 다른 유형에 비해 대화를 많이 하는 매너 스타일이라 볼 수 있다.

### 함께 있으면 즐겁지만, 가볍고 조심성이 없어 보일 수도

조 차장이 나를 찾아온 것은 바로 진급 때문이었다. 조 차장뿐만 아니라 임원 진급을 앞둔 많은 직장인들이 다소 무게감 있는 이미지의 필요성을 느끼고 나를 찾아온다. 지난해 인사 발령에서 쓴 맛을 본 조 차장은 혹시라도 평상시 자신의 태도가 영향을 미친 게 아닌가 하는 생각을 갖고 있는 듯했다. 그래서 무게감을 주는 이미지로의 변신을 시도해보고 싶었던 모양이다.

즐겁고 재미있는 사람은 그렇게 얻은 인기가 진급에 큰 영향을 미치기도 하지만, 때로는 결정적인 약점이 되기도 한다. 예를 들어 술자리에서 즐거운 분위기를 유도하려던 것이 과함이나 가벼움으로 비춰져 추후 절제력이 부족한 사람으로 인식되기도 한다. 상황에 맞지 않게 어디서나 큰 목소리를 내는 것 또한 충분히 문제가 될 수 있다. 조 차장은 이제 리더십을 발휘해야 할 자리에 있고, 리더십은 목소리 크기로 결정되는 게 아니기 때문이다.

하지만 조 차장은 이미 너무나 많은 장점을 가지고 있는 사람이었다. 따라서 본인의 성향을 감춘 채 완전히 다른 방향으로 변신을 시도하는 것이 무조건 옳은 일이라고 볼 수 없다. 이 경우 자기답게 리더십을 보여주는 것이 가장 좋다. 무엇보다 조차장은 창의력과 기획력이 중요한 PD이므로, 부장이 되어 데스크로 넘어가더라도 현장 감각을 잃지 않는 것이 중요하다.

따라서 그는 이미 가지고 있는 유머감각이나 유쾌함은 그대로 살린 채, 부장 직책에 걸맞은 비언어커뮤니케이션 스타일을 개발하는 데 집중했다. 말의 속도를 늦추고 목소리 톤을 약간 내리는 등 특히 스피치 스타일에 변화를 주었고, 이를 아이디어 회의나 보고할 때 활용하도록 했다. 복장의 경우에는 현장에서 일할 때 입었던 편안한 캐주얼을 버리고, 세미캐주얼을 선택했다. 그밖에 상대방의 이야기에 맞장구치는 몸짓 등을 다소 점잖은 방향으로 수정했다.

유명인 중에는 친밀감으로 리드하는 국민 MC 유재석과 통통 튀는 반전의 아이콘 김정운 교수, 그리고 스토리를 보여주는 여자 김미경 강사와 위악과 위선을 동시에 보여주는 개그맨 이경규가 이 유형에 속한다. 이 네 사람의 비언어커뮤니케이션 분석을 통해 유쾌하고 즐거운 사람들의 소통법을 알아보자.

## 장단을 맞추는 고수(鼓手)의 미학
# 유재석

> 유재석은 말도 많고 탈도 많은 연예계에서 이른바 안티팬이 가장 적은 방송인이다. 그가 최고의 위치에 오를 수 있었던 것은 상대방을 배려하면서 호감을 이끌어내는, 몸짓언어의 기본을 알고 있었기 때문이다. 상대방을 자연스레 유도하기 위해 메타신호를 활용하는 진정한 '고수(高手)'다.

판소리 무대는 북을 두드리는 고수(鼓手)와 노래를 부르는 창자(唱者)로 구성된다. 이때 관객의 시선은 대체로 노래를 부르는 창자에게 집중되는데, 사실 고수의 역할이 상당히 중요하다. 창자의 노래에 맞는 다양한 장단을 짚어주어야 하며, 적당한 대목에서 '얼씨구', '좋다' 등의 추임새를 넣어 흥을 돋기도 해야 한다. '1고수 2명창'이라는 말은 그만큼 고수의 역할을 강조한 것이다.

유재석은 예능 프로그램에서 고수의 역할을 톡톡히 하고 있다. 대한민국 1등 MC로 인정받는 이유다. 그는 장단도 잘 맞추고, 적절한 시점에 추임새도 잘 넣는다. 때로는 진지하게 경청하기도 하면서 전체적으로 게스트가 신나고 편안하게 즐길 수 있는 분위기를 형성한다.

　MBC 예능 프로그램 <놀러와>를 함께 진행하는 김원희도 '몸짓'을 통해 잘 들어주는 MC로 유명하다. 다소 과장되게 깔깔거리는 그녀의 웃음과 박수에 게스트는 자신도 모르게 신이 나서 더 많은 이야기를 털어놓게 된다고 한다. 오랫동안 함께 지낸 사람은 서로 닮는다고 하더니, 파트너 유재석과 참 많이 닮았다.


## 같이 느끼고 따라하기

　근육과 신체의 움직임을 통제하는 운동신경세포 가운데 하나인 거울뉴런은 인간의 모방과 공감 능력의 근원이다. 코미디프로그램에서 청중들의 웃음소리를 녹음해 들려주는 것도 거울신경 반응을 이용한 것이다. 상대에게 호감과 친밀감을 느끼고 있다면 거울뉴런의 작용을 통해 그 사람의 긍정적인 몸짓을 모방하게 된다. 유재석이 출연한 프로그램을 보면 누가 누구의 몸짓을 흉내 내는지 짐작이 가능하다. 모방된 행동의 최초 결정권자는 대개 유재석이다.

　유재석과 함께 방송하는 연예인에 대해 유재석에게서 받은 느낌을 갖게 된다면 그가 유재석의 행동을 적절히 따라하고[pacing: 상대방의 행동이나 말투를 따라하는 것], 그렇게 해서 형성된 라포[rapport: 정서적 친밀감]를 통해 자연스럽게 이끌려가고 있는 것이다. '상대방의 잠재의식에 접근하기 위해서는 자신의 행동을 그

상대방의 표정과 행동을 따라하는 것은 호감을 불러일으키는 가장 좋은 방법이다.

사람의 행동에 일치시켜야 한다'는 말이 있다. 상대의 몸짓을 따라하면 친밀감이 형성되고, 그래야 비로소 그 사람을 이해할 수 있게 되는 것이다.

미소와 같은 비언어도 같은 맥락에서 중요하다. 먼저 웃으며 다가오는 사람, 나에게 위협을 주지 않는 사람, 친밀한 사람으로 인식된 유재석이 일반인에 비해 엄청난 출연료를 받는 거액 연봉자라는 소식을 들었을 때 시청자들은 "누구보다 열심히 일하므로 충분히 받을 만하다. 정말 능력이 대단한 MC다"라며 그를 이해했다. 이는 의외의 반응이다. 우리나라 사람들은 대체로 부자에 대해 비호감을 느끼기 때문이다. 요즘과 같은 불황기에는 더욱 그럴 수밖에 없다.

하지만 그는 비호감을 줄 수 있는 상황을 호감으로 바꾸었다. 의도적이든 그렇지 않든, 적을 만들지 않는 비언어의 활용법을 알고 몸에 익혔기 때문이다. 이렇듯 엄청난 변화를 만드는 것이 바로 이미지의 힘이요, 평소 이미지관리가 중요할 수밖에 없는 이유다.

## 친밀감으로 리드하라

　MBC 예능 프로그램 <무한도전>에서 유재석은 다른 멤버로부터 무엇인가 추궁당하면 얼굴이 빨개지도록 너털웃음을 짓다가 난데없이 안경을 벗고 맨 얼굴을 공개하면서 왁자지껄하게 분위기를 봉합한다. 화를 내고 엉뚱한 행동을 벌여도 밉지 않은 몸짓언어를 활용함으로써 어느덧 상황을 유쾌하게 만든다. 그의 강점은 이렇듯 자신만의 강한 메타신호meta signal를 창출해냈다는 점이다.

　메타신호란 신호에 대한 신호, 즉 자신이 내보내는 신호의 해독방법을 제시하는 것이다. 예를 들어 침팬지는 거짓 격투를 하게 되면 위아래 입술을 안으로 끌어당겨서 이빨을 드러내는 장난스런 표정을 짓는다. 오소리는 거짓 싸움을 하기 전 머리를 약간 흔들면서 들어올린다. 자이언트 팬더는 장난으로 싸움을 걸 때 뒹굴거나 몸을 뒤집는다. 사람은 누군가를 골려주자는 신호로 동조자에게 윙크를 한다. 이러한 몸짓과 표정, 윙크 등을 메타신호라고 하며, 메타신호에 의해 동작의 실제 의미가 바뀐다.

　강력한 메타신호는 주위에 영향력을 미친다. 예를 들어 지배적인 위치에 있는 원숭이가 넓은 보폭의 걸음걸이를 보일 때 그 밖의 다른 동작에 대해서도 동료 원숭이들이 강한 인상을 받게 되는 것과 마찬가지다.

　상대를 배려하는 유재석의 진행방식은 잘 알려져 있다. 그는 대화상대를 바라볼 때 고개를 옆으로 돌려 기울인다. 찰스 다윈은 동물은 물론, 인간도 무언가에 관심이 있을 때 고개를 옆으로 기울인다는 사실을 발

견했다. 그는 고개도 잘 끄덕인다. 과거 <개그콘서트>에서 방송기자가 인터뷰 과정에서 마이크를 들이대고 고개를 심하게 끄덕이는 장면을 포착해 코믹하게 연출한 적이 있었는데, 상당히 재치 있는 발상이다.

이렇듯 고개를 끄덕이는 동작은 복종을 의미하는 '허리 굽혀 절하기'에서 비롯된 행동으로 알려져 있으며, 또한 상대방 얘기의 속도를 조절하려는 최적화된 몸짓이다. 가령 천천히 고개를 끄덕이는 동작은 '당신의 얘기를 듣고 싶다'는 관심의 표현이고, 반대로 고개를 빠르게 끄덕이면 '충분히 들었으니 그만 끝내자'는 의미로 해석될 수 있다.

유재석은 무표정의 얼굴을 보기 힘들 정도로 항상 미소를 짓고 있는데, 미소 역시 복종의 몸짓이며, 상대방에게 위협이 되지 않는다는 점을 드러낸다. 법정에서 피고인이 미소를 지으면서 잘못을 인정할 경우 그렇지 않은 사람보다 훨씬 가벼운 처벌을 받는다는 연구결과도 있다. 미소를 지을수록 상대로부터 긍정적인 반응을 이끌어내고 인간관계가 놀라울 정도로 좋아진다는 연구결과 역시 너무나 당연한 것이다.

## 유재석의 소통 스타일

유재석은 밝고 활기차며, 표정이 다양하고 신체동작이 많은 전형적인 '락*' 유형의 사람이다. 그는 항상 주변 사람들을 먼저 챙기고, 나보다는 우리, 개인보다는 집단을 위해 봉사하는 '서번트 리더십Servant leadership'을 몸소 보여준다. 이 때문에 '눈높이 스타'라는 신조어까지 낳았다.

'스타'란 하늘에 떠있는 별과 같아서 멀리서만 봐야 한다는 기존의 통념을 깬 유재석의 '눈높이 스타론'은 이 시대 많은 젊은이들의 공감을 이끌어냈다. 현재 많은 연예인들이 신비주의를 버리고 망가지는 모습을 보여줌으로써 팬들에게 친근하게 다가가고자 노력하고 있는데, 이는 유재석으로부터 비롯됐다고 해도 과언이 아니다. 그는 이후에 등장한 스타들이 팬과 '소통'하는 데 있어 새로운 가치를 만들어냈다.

우리는 외모가 뛰어나거나 조건이 훌륭한 사람이 거만하게 행동하는 경우를 종종 본다. 사실 예전에는 그렇게 했어도 큰 문제가 없었으며, 오히려 그러한 행동이 매력적으로 보이는 경우가 많았다. 하지만 지금 그런 식으로 행동했다가는 소위 왕따가 되기 십상이다. 시대가 변한 것이다. 과거와 달리 훌륭한 외모와 조건을 갖춘 사람들도 많아졌고, 사람들의 의식수준 또한 월등히 높아졌다. 연예인은 물론 대통령이라도 거만하게 굴었다가는 큰일이다. 요즘 사회 고위층이 너나 할 것 없이 국민들에게 친근하게 다가가려는 것만 보아도 알 수 있다. 이는 달리 말하면 매력적인 사람이 되는 것이 어느 때보다 힘들어졌다는 방증이기도 하다.

이미지관리가 어느 때보다 필요한 시대라고 할 수 있다.

:: 설문조사결과

응답자들은 유재석의 비언어커뮤니케이션 유형에 대해 '유쾌함'을 제1순위로 꼽았다.

| 유형 | 평균 | paired t-test |
|---|---|---|
| 유쾌함 | 6.3100 | .000 |
| 부드러움 | 6.0300 | |
| 열정적임 | 5.5750 | |
| 치밀함 | 4.7600 | |
| 귀여움 | 4.6250 | |
| 지적임 | 4.5250 | |
| 우아함 | 3.9650 | |
| 섹시함 | 3.5850 | |

| 유형 | 남(N = 100) | 녀(N = 100) | 유의차 |
|---|---|---|---|
| 유쾌함 | 6.3200 | 6.3000 | |
| 부드러움 | 6.0200 | 6.0400 | |
| 열정적임 | 5.4800 | 5.6700 | |
| 치밀함 | 4.7700 | 4.7500 | Ns |
| 귀여움 | 4.5600 | 4.6900 | |
| 지적임 | 4.3600 | 4.6900 | |
| 우아함 | 4.000 | 3.9300 | |
| 섹시함 | 3.4500 | 3.7200 | |

## 역설과 반전의 직설화법
# 김정운

> 슈베르트를 연상시키는 외모, 돈키호테 같은 과감한 말투, 거기에 개성 있는 몸짓과 표정까지 김정운 교수는 전혀 교수스럽지 않다. 아이러니하게도 모두가 외모지상주의를 비난하는 요즘, 그는 오히려 "인간은 보이는 게 전부"라는 철학을 내세우고 있다. 반전의 비언어를 효과적으로 사용한 그의 강의는 지루할 틈이 없다.

침묵하는 김정운을 상상하기는 어렵다. 그는 경박하지 않은 직설화법을 구사해 누구나 무릎을 치며 고개를 끄덕일 만한 공감을 이끌어낸다. 마찬가지로 긴 파마머리를 하지 않은 김정운은 왠지 밋밋하다. 타고난 외모만 놓고 보면 결코 주목받기 쉽지 않아 보인다. 하지만 돈키호테적인 과감한 말투와 개성 있는 몸짓, 다소 우스꽝스러운 차림새가 그에게 반전의 인생을 가져다줬다. "내면은 소용없고, 인간은 보이는 게 전부다"라는 발언은 그가 시도한 첫 번째 반전의 결과물이다.

곱슬머리와 동그란 안경테는 음악가 슈베르트의 외양을 따라한 것이다. 일종의 '페이싱 pacing ; 따라하기'이다. 형형색색의 보타이는 양념이다. 자칫

김정운 교수의 모습은 슈베르트의 외양을 페이싱한 것이다.

우습게 보일 수 있는 이 작은 변신은 대중의 신선한 관심과 유쾌한 반응을 이끌어냈고, 이는 다시 그에게 긍정의 피드백으로 작용했다. 그는 당당하게 말한다. "나 쉬운 사람 아니니까 우습게보지 마요." 그는 '외모'에 연연하는 대중을 꼬집는 대신 거꾸로 '내면에만 집착하지 말라'는 호통으로 현실의 허위의식과 패배주의에 대한 통쾌한 역설을 선보였다.

## 반전의 몸짓①_ 내리치기와 손가락질

김정운은 '사람들이 자신을 쉽게 볼지 모른다'는 생각 때문에 전략적으로 엉뚱한 몸짓을 취했다. 방송에서 그가 보여주는 몸짓은 대개 과도하거나 부정적으로 인식되는 것들이 많다. 대인관계에서나 방송에서 그다지 추천할 만한 몸짓은 아니다.

그런데 대중은 오히려 반전처럼 등장하는 그의 몸짓에 열광한다. 여기에 문화인류학적 지식을 담은 직설적이고 공격적인 화법이 보태어지면서 열광은 한층 더 증폭된다. 김정운이 "아니야", "내가 맞아"라는 표현과 함께 보여주는 손동작은 주로 날을 세워 내리치는 것이다. 일종의 '자르기', '썰기' 자세다. 악수할 때처럼 손을 내미는 것과 비슷하며, 상대와 접촉하려는 열망을 보여준다. 자신의 생각과 표현을 상대의 마음속에 심으려는 강한 욕구의 발현인 셈이다.

이 때문에 내리치기 동작은 주로 권위자와 리더 등이 사용한다. 날을 세운 손을 반대편 손바닥을 향해 내리치는 것도 비슷한 의미로 해석할 수 있다. 이는 상대방과의 유대를 돈독하게 만들기도 하지만 공격적인 느낌이 매우 강하기 때문에 가능한 한 마지막에 써야 할 표현방법이다.

또한 김정운은 손가락을 이용해 어딘가를 가리키는 동작을 많이 취한다. 상대방의 시선을 돌리거나 요점을 강조하기 위해서다. 이는 경우에 따라 친밀감을 형성하는 동작이 되기도 한다. 하지만 일반적으로 '손가락질'은 공격성, 경멸을 나타내는 몸짓이므로 조심해야 한다. 특히 '검지'는 대개 총을 상징하기 때문에 아무런 악의 없이 가리켰다고 해도 상대방은 비난이나 위협으로 받아들일 수 있다.

# 반전의 몸짓②_ 눈썹 추켜올리기

김정운은 손뿐만 아니라 얼굴 근육도 활발하게 움직인다. 이마에 깊게 패인 한 줄 주름은 눈썹을 자주 추켜올리는 그의 습관에서 비롯된 산

눈썹 올리기는 다양한 감정을 드러낸다. 김정운 교수의 경우 '불신'을 나타내는 경우가 많다.

물이다. 이때 눈은 동그래지고 눈썹은 활 모양으로 아치를 그린다.

'눈썹 추켜올리기'는 여러 가지 상황에서 다양한 감정을 드러낸다. 우선 놀란 것처럼 보일 수도, 활기차게 보일 수도 있다. 상황에 따라서는 영향력 있는 모습 또는 순종적인 태도를 나타내기도 한다. 김정운의 눈썹 올리기는 대부분 불신을 나타내는 경우가 많다.

비언어연구센터의 데이비드 기븐스David Givens는 "다른 사람에게 무엇을 요구하거나 자신의 의견을 강조할 때 종종 눈썹을 올리는 표정을 짓는다"고 말한다. 상대의 이야기를 듣고 충격을 받거나 겁에 질린 것으로 해석되기도 한다. 또한 상대의 말이 다소 의심스러울 때도 쓰일 수 있다.

눈썹을 추켜올리는 시간에 따라 의미도 조금씩 달라진다. 오래 지속할 경우에는 자연스레 당혹감을 드러낸다.

하지만 눈썹을 과장해서 올리면 상대보다 한 수 위라는 인상을 줄 수 있기 때문에 주의해야 한다. 어떤 사람들은 상대에게 관심을 표현하는 효과적인 방법이라고 생각해서 일부러 많이 하기도 하는데, 일반적으로 불신을 의미하기 때문에 자주 보여줄 경우 회의적인 사람으로 비칠 수 있다. 특히 대화 상대가 의견을 말할 때는 가능한 한 피하는 것이 좋다.

## 반전의 전략_ 직설적 과장법

상대를 비판하거나 낮춰서 평가하고, 때로는 불신하는 김정운 교수의 말투와 몸짓이 오히려 긍정적인 피드백으로 돌아오는 이유는 바로 노련한 반전反轉전략 때문이다. 우선 그는 정서를 공유하는 능력이 탁월하다. 그의 말은 항상 "응~?" 하며 상대의 동의를 구하는 짧은 반문反問으로 마무리된다. 상대방이 무의식적으로 공감하게 만드는 그만의 메타신호인 셈이다.

또한 공격적인 손동작과 직설화법은 의도적인 과장으로 포장돼 거부감을 최소화한다. "이런 대단한 생각을 내가 했다", "나니까 발견했지, 다른 사람들은 못해"라는 극단적인 자기애自己愛는 '잘난 체'를 흉내 내고 있지만 실제로는 예의바른 태도를 강조하는 사회통념을 깨부수는 통쾌함을 가져다준다.

청중은 시원하게 웃을 수밖에 없다. 교수라면 응당 지적인 표현을 하고 체면을 중시해야 한다는 상규常規를 깨뜨리는 데서 카타르시스를 불러일으키는 것이다. 그가 망사스타킹에 열광하고 예쁜 여자를 좋아한다고 말하는 것 역시 마초적 남성성을 '촌스럽게 여기는' 사회 분위기에 대한 비틀기인 것이다.

## 책 표지에 숨겨진 그의 진실

ⓒ21세기북스

김정운 교수는 그의 여덟 번째 책,《남자의 물건》표지에서 오른손으로는 만년필을 입술에 올리고 왼손은 바지주머니에 넣고 있는 몸짓을 보여주고 있다. 폐쇄적이지만 위로 받고 싶은 남자의 비밀스런 마음을 담은 것이다. 《왜 그녀는 다리를 꼬았을까》의 저자 토니야 레이맨은 대화 도중 물건을 사용하는 것은 상대의 시선을 끌고 싶다는 뜻이라고 했다. 이때 펜을 사용하면 "함께 일하고 있어요"라고 상대방에게 말하는 것으로, 더욱 생산적인 분위기를 만들어준다고 했다. 김정운 교수는 만년필을 입술에 가져가는 몸짓으로 '남자의 물건' 스토리에 더 집중하게 만든다. 입술은 극도로 민감한 부위다. 입술을 만지작거리는 것은 스스로를 자극하고 위로하기 위함이다. 자기 위안이 집중력을 높여주기 때문이다. 집게손가락으로 입술을 가린 채 꼼짝하지 않는 경우가 있는데 이는 사색하는 제스처다. 그는 사색의 효과를 극대화하는 적절한 몸짓에 자신의 물건이라 밝힌 스토리가 있는 만년필을 통해 지적인 이미지도 놓치지 않았다.

그의 왼손은 만만치 않은 남자임을 말한다. 바지주머니에 손을 넣은 채 엄지손가락을 꺼내놓는 것은 자신감과 거만함을 나타내는 몸짓인데, 사진에서 보면 김정운 교수는 손 전체를 바지주머니에 넣고 있다. 이는 불안할 때 나오는 자세로 "나는 패쇄적입니다"라는 표현이다. 자켓 안에 숨어 있는 왼손의 진실은 김정운 교수만이 알고 있을 것이다.

## 김정운의 소통 스타일

김정운이 흉내 낸 슈베르트의 파마머리와 동그란 안경은 그의 모방심리模倣心理에서 탄생했다. 모방심리란 남이 한 것을 무조건 따라 하려는 심리를 말하는데, 그의 모방은 단순히 유행을 좇는 것과는 다르다. 슈베르트는 그의 유학시절 외로움을 달래준 롤모델이었으며, 그는 슈베르트의 이미지를 흉내 내고 자기 것으로 만들어 새로운 '김 베르트'를 창출해낸 것이다.

점잖은 양복에 평범한 헤어스타일을 하던 때에도 그는 넥타이만은 독특하고 화려한 것을 추구했는데, 그의 내면에 잠재된 터트리고 싶은 욕구가 액세서리로 표현된 것이다. '평범한 스타일은 NO! 컬러든 패턴이든 독특함을 추구한다'는 그의 패션철학은 헤어스타일과 함께 보타이,

행커치프, 심지어 큰 반지에서도 드러난다. 특히 보타이와 행커치프는 옐로우, 블루, 퍼플, 네이비 등 다양한 컬러를 섞어 매치하고 포인트를 잘 살려내 세련된 느낌을 준다. 자칫 딱딱해 보일 수 있는 스타일에 볼륨감 있는 디자인의 보타이는 찰리 채플린과 같이 유머러스하면서도 감각적인 분위기를 연출한다.

## 위악(僞惡)의 진화와 변신
# 이경규

> 대한민국 예능의 대부 이경규는 2개의 예능 프로그램을 통해 대조적 이미지를 표출했다. <몰래카메라>와 <양심냉장고>가 그것이다. 전자가 남을 속여 가며 재미를 찾는 방식이라면 후자는 인간의 선한 의지를 발견하는 데서 감동을 추구한다. 그는 위악(僞惡)과 권선(勸善)의 대리자 역할을 동시에 할 줄 아는, 보기 드문 사람이다.

개그맨 박명수가 확고하게 정착시킨 이른바 '호통 개그'의 원조는 사실 이경규다. 그는 상대가 마음에 들지 않으면 – 방송에서 노출되는 상황만을 놓고 봤을 때 – 큰 소리를 치며 화를 내거나 심한 말을 쏟아낸다. 거친 직설화법은 위악(僞惡)적인 몸짓을 통해 더욱 강화된다.

이경규는 다수가 등장하는 예능 프로그램에서 턱을 들고 말하는 경우가 많다. 턱과 코는 대개 함께 움직인다. 턱을 들고 목을 드러내는 동작은 힘과 자부심의 상징이다. 자신이 결코 약하지 않으며, 오히려 우세하다는 표시다. 스트레스를 받거나 화가 났을 때도 턱은 위로 향한다. 또한 자긍심과 비례하기도 하는데, 그래서 자신보다 지위가 낮거나 약한 상

턱을 당기는 것은 '거리 두기'를 의미하며 자연스럽게 부정적인 감정을 표출한다.

대를 내려다보거나 윽박지를 때 이러한 모습을 자주 볼 수 있다.

반면 자신감이 부족하거나 걱정이 많으면 코는 바닥을 향하고 턱은 몸쪽으로 수그러든다. 턱을 당기는 것은 상대와 '거리 두기'를 의미하기도 하는데, 이 때문에 부정적인 감정을 자연스럽게 표출하기도 한다. 그래서 '턱을 들고 있어라'라는 충고는 침울해하는 사람을 위한 오래된 격언이다. 여하튼 턱을 드는 것은 극도로 잘난 체하는 몸짓임에 틀림없다.

## 손가락질 또는 양손으로 허리 걸치기

이경규가 코와 턱을 치켜드는 순간에는 보통 이런 말이 튀어나온다. "나한테 까불지 말란 말이야." 이때 그의 직설화법은 손가락질과 동반되는 경우가 많다. 위아래로 흔드는 그의 손가락은 보통 무례하고 위압감을 주며 부정적인 의미로 해석된다. 특히 왼손을 많이 사용해 손가락질을 하는 사람이라면 감정 표현을 쉽게 하는 '우뇌적 성향'에 가깝다고 볼 수 있다.

또한 이경규는 양 허리춤에 손을 걸치고 있는 자세를 자주 보이는데, 개인 공간을 보다 넓게 차지하는 의도다. 일종의 영역 표시인 셈이며, 지배력을 확고히 나타낸다. 권위 있는 사람이 상대를 압박하기 위해 이런 자세를 보이기도 한다. 논란거리가 있다는 점을 알리는 것이다.

사실 이경규의 고압적이며 공격적인 위악(僞惡) 이미지는 예능 프로그램의 형식 안에서나 가능한 것이다. 그런데 '몰카'와 '양심 냉장고'를 오간 그의 경력에서 짐작할 수 있듯이 그는 위악의 몸짓과 이미지를 중화시키는 또 다른 비언어를 잘 체득하고 있다.

## 머리 기울이기

이경규가 공동 진행을 맡고 있는 프로그램 <힐링캠프>나 <화성인 바이러스>를 보면 호통 치는 그의 모습은 온데간데없다. 출연자가 말을 할 때는 최대한 의자를 앞으로 당겨 몸을 기울이고, 가벼운 감탄사나 추임새로 공감을 드러내기도 한다. 사람의 몸은 편안함을 느끼거나 의견이 일치할수록

서로 기울게 된다는 심리를 잘 보여준다.

몸이 기울면 특히 머리가 상대와 가까워지는데, 머리를 기울이는 행동은 자신의 연약함을 내보이는 몸짓이다. 이는 애완동물이 순종의 뜻으로 보이는 몸짓과 같은 맥락으로 해석되며 '나는 당신의 말에 관심이 있고, 당신의 말을 경청한다'는 의미를 나타낸다. 순종적이며 진지한 자세는 상대로부터 많은 신뢰를 불러일으킨다. 한 연구결과에 따르면 머리를 기울이며 대화하는 사람은 '정직하고 친절하며 다정한 사람'으로 평가받는 경향이 있다고 한다. 또한 머리를 똑바로 세우거나 왼쪽으로 기울인 사람보다는 오른쪽으로 8도 정도 살짝 기울인 사람이 더 큰 신뢰감을 준다고 한다. 머리를 왼쪽으로 기울이면 매력적인 사람으로 보인다는 연구결과도 있다.

결국 고개를 기울이는 자세는 관심을 드러내어 친밀감을 높일 수 있는데, 특히 이경규의 '머리 기울이기'는 구수한 경상도 사투리, 그리고 특유의 웃음소리와 혼합돼 뜻하지 않은 편안함을 조성한다. 또한 그는 목젖이 보일 정도로 고개를 뒤로 한껏 젖히고는 팔과 다리를 바깥으로 펼친 채 어깨를 들썩이며 유쾌하게 웃는데, 그만이 가진 독특한 매력으로 다가온다.

주의할 점은 이는 듣는 사람의 자세라는 것이다. 말을 하는 사람이 머리를 지나치게 기울일 경우 수동적인 태도로 해석되기 때문에, 반듯하게 중립을 지키는 것이 바람직하다.

## 인간 이경규의 수줍은 모습

인터뷰쇼 <백지연의 피플 인사이드>에 출연한 이경규가 대화를 나눌 때 무의식적으로 드러낸 비언어적 표현들을 분석해보면 여타 예능 프로그램에서 보여주던 강하고 악한 모습과는 사뭇 다른 면을 발견할 수 있다. 이를 토대로 '예능인 이경규'가 아닌 '인간 이경규'의 모습을 살펴보자.

이경규는 백지연과 인터뷰하는 동안 줄곧 의자에 등을 기대고 앉아, 그녀 쪽(앞)으로 몸을 기울이지 않는다. 의자 오른쪽 모퉁이에 기댄 채 오른쪽 다리를 꼬고 앉아있는데, 올려진 무릎이 둘 사이를 가로막는 장벽으로 작용하고 있다. 거리를 두고 싶은 마음을 몸이 말하고 있는 것이다. 예능 프로그램 진행자로서 출연자에게 가까이 다가가 대화하는 모습과는 사뭇 대조적이다.

뿐만 아니라 눈도 제대로 못 맞추고, 손을 모아 어깨를 움츠리는 자세를 반복하며, 손이 부자연스럽게 허공에 머물기도 하는데, 이런 몸짓들은 그의 불안하고 조심스러운 심리를 드러낸다.

라면으로 벌어들이는 수익이나 흥행에 참패했던 영화 <복면달호> 등 곤란한 질문이 나올 때는 고개를 다른 곳으로 돌리고 머리를 매만지며 민망한 듯 웃는다. 인간은 불안이나 걱정이 심할

수록 자신을 달래는 제스처를 강하게 보이는데, 이처럼 자기 몸을 만지거나 문지르는 행위는 엄마의 품을 생각하며 스스로를 안아주는 것이다.

또한 대화를 나눌 때 종종 두 손을 겹쳐서 배 위에 두기도 하는데, 이를 '공수拱手 자세'라 한다. 쉽게 말해 어른들 앞에서나 혹은 공식행사에 참석했을 때 두 손을 앞으로 모아 잡은 공손한 자세를 말한다. 이경규는 자신보다 나이가 많은 사람이나 선배 게스트가 출연하면 습관적으로 공수 자세를 취하는데, 후배인 백지연 앞에서는 다소 의외다. 이는 '나한테 까불지 말란 말이야'와 같은 언어적인 표현으로 인한 못된 남자 이미지와는 달리 그가 겸손한 사람임을 보여준다.

진행자가 아닌 상황에서 무의식중에 드러난 이경규의 비언어적 표현들은 그가 실제로는 조심스러우며 겸손하고 또한 부드럽고 치밀한 남자임을 말해주고 있다.

## 이경규의 소통 스타일

이경규의 안경은 그의 30년 개그 인생에서 진화와 변신을 거듭했다. 1981년 MBC 제1회 개그콘테스트로 데뷔할 당시 그는 안경을 착용하지 않았고 특별한 두각도 나타내지 못했다. 우연치 않게 안경을 착용하기 시작한 1990년대 후반부터 활발한 활동을 하기 시작했는데 이때 그의 대표작 <몰래카메라>와 <양심냉장고>이 나왔다. 이경규의 안경은 이때부터 때로는 위악의 이미지를, 때로는 권선의 이미지를 심어주는 액세서리가 되었다. <몰래카메라>에서 그의 안경은 속는 모습을 들여다보는 위악의 소품이었으며, <양심냉장고>에서의 안경은 양심을 지키는 사람들을 찾아내는 권선의 소품이었다.

 2000년부터 지금까지 무테를 쓰고 있는 그는, 마음을 움직이는 말을 할 때나 친밀감을 높이고 싶을 때는 안경을 벗어 상대방과의 거리감을 줄이고 권선(勸善)의 이미지를 부각시키기도 한다. 반면 예리한 질문을 던지거나 상대방을 관찰할 때는 종종 안경 너머로 본다. 이는 거만하고 공격적인 인상을 줄 수 있는 위악(僞惡)의 이미지로, 상대방을 현미경 아래 놓고 속속들이 관찰하는 느낌을 준다.

# 음악적 코드를 활용한 구수한 소통
# 김미경

'말을 참 잘하는 여자' 김미경 강사는 작곡과 출신답게 오케스트라를 스피치에 적용한 '아트 스피치'를 개발했다. 그녀의 소리에는 강약이 있고, 제스처는 지휘하는 듯하며, 여기에 더하여 구수한 사투리에 일부러 부정확한 발음을 하기도 하는데, 기존의 아나운서 식 스피치와는 상당한 거리가 있는 화법으로 인기를 얻고 있다.

김미경 강사는 강의할 때 강약을 조율하는 감이 뛰어나다. 청중이 지치지 않도록 이끌기 위해 절대적으로 필요한 요소가 바로 강약의 호흡이다. 그녀의 현란하고 과장된 몸짓을 '강(强)'에 비유한다면 다소 우스꽝스럽고 털털한 재연(再演)은 '약(弱)'으로 볼 수 있다.

그녀는 표정과 몸짓을 적극적으로 활용한다. 그런 점에서 일종의 강의 버라이어티 프로그램인 MBC 희망특강 <파랑새>는 그녀에게 최적화된 무대였다. 나는 그녀와 함께 <파랑새> 특강에 강사로 참여하면서 다양하고 극적인 그녀만의 강의 스타일을 주의 깊게 지켜보았는데, 그녀는 '바통(baton) 신호'를 적절하게 사용했다. 바통신호란 말로 나타내는 사고의 리듬에 장단을 맞추는 것이다. 이 신호의 본질적인 역할은 말의 강조점을 부각시키는 것으로, 대화나 연설에 수반되는 한 무리의 손동작을 가리킨다. 그녀는 이렇게 말한다.

"말을 할 때는 그에 어울리는 몸짓언어가 있어야 합니다. 특히 손이 크게 움직여야 사람들에게 잘 먹혀듭니다."

자신의 말처럼 강의에서 보여주는 그녀의 손놀림은 현란하다.

"특히 정치인들은 손이 움직일 때마다 유권자의 표를 얻습니다. 성악하는 사람도 손이 움직여야 청중의 감동을 이끌어낼 수 있어요. 연습해 보세요. 겨드랑이가 떨어진 상태에서 손이 움직여야 돼요."

## 강약의 호흡 조절

강약 조절은 그녀의 옷차림에도 시도된다. 잦은 몸짓 때문에 불편할 텐데 그녀는 대개 강단에서 치마를 고집한다. "말이 강하니까 옷은 여성스럽게 입어야 밸런스가 맞다"는 게 그녀의 지론이다.

"오바마가 연설하면 청중은 열광하기 시작하죠."

미국 대통령 버락 오바마의 성공스토리에 대한 강연 중 갑자기 그녀의 두 손이 크게 벌어지며 표정은 지나칠 정도로 일그러진다. 적극적이며 열정적인 그녀의 몸짓언어가 드러나기 시작하는 순간이다. 그녀의 과감한 몸짓에 따라 청중의 집중력도 함께 고조된다.

"오바마의 연설장은 록스타 공연장을 연상시킵니다."

오바마의 연설장은 그 순간 김미경의 무대로 대치된다. 한 미국 소년이 오바마 연설을 지켜보며 "오바마다!"라고 외친 적이 있는데, 이 말을 그녀는 강의 도중 자신만의 연극적 발성으로 말하며 현장감을 극대화시킨다. 그녀의 연극은 대사$^{verbal}$에 그치지 않는다. 아이의 표정과 눈빛$^{non-verbal}$까지 몸소 과장해서 재연해낸다.

그녀는 주위를 환기시키고 청중의 집중력을 고조시키기 위해 아주 짧은 시간 몸짓을 정지시키기도 하는데, 평균 3초를 넘지 않는다. 비언어커뮤니케이션의 필요성을 직업적으로, 감각적으로 체화한 사람들이 알고 있는 비기秘器다.

또한 그녀는 특별히 강조하려는 내용이 나오면 등을 구부정하게 만들어 몸을 앞으로 내밀고 청중 한 명 한 명에게 눈빛을 던지며 말한다. 강사와 청중 사이의 거리를 줄여 전달력을 높이고 청중의 시선이 흐트러지지 않도록 안배하는 것이다. 그녀가 선 무대와 청중 사이의 거리는 대략 3미터지만 허리를 굽혀 청중에게 다가가면 40~50센티미터에 불과할 만큼 가까워진다. 청중에게 전해지는 체감효과는 그 이상이다.

## 현란한 몸짓과 구수한 사투리

"영어 모르는 사람들이 있을 수 있잖아유……"

뛰어난 강사의 현란한 몸짓에도 청중의 집중력은 한계를 보인다. 따라서 핵심 주제의 전달이 어느 정도 충족되면 완급을 조절하여 주위를 환기시킴으로써 청중의 긴장감을 풀어줘야 한다. 이를 위해 김미경 강사가 활용하는 방식은 적절한 사투리 구사와 그에 걸맞은 능청스러운 몸짓이다.

그녀는 충북 증평 출신이다. 중고교 시절을 그곳에서 보냈으니 그녀에게 사투리는 부담 없는 의사전달의 방편이다. 사투리가 주는 친근함과 어눌함에 코믹한 그녀의 몸짓이 덧입혀진다. 이전까지 강하게 청중을 휘몰아가던 적극적이고 활발한 몸짓은 어느새 밖으로 펄럭이는 두 손과 청중을 떠나 풀려버린 시선으로 무화無化된다.

"내가 하는 말은 말이 아니다. 상대방의 귀에 들린 것만 말이다. 그렇기 때문에 말에는 서비스정신이 있어야 한다. 잘 들리는 말이어야 한다. 그러려면 몸짓언어를 사용해야 한다. 손은 제2의 말이다."

## 김미경의 소통 스타일

결론적으로 김미경 강사는 '쾌쾌快快'한 여자다. 그녀의 말투는 '유쾌愉快'하고, 그녀의 몸짓은 '통쾌痛快'하다. '쾌쾌함'은 과장된 말투와 표정, 자세와 손짓에서 드러나며, 그런 김미경식 표현법은 청중으로부터 공감의 웃음과 박수를 이끌어낸다.

김미경은 전형적인 '락*' 유형의 사람이지만 그녀의 이미지를 일반화시키기는 힘들다. 자연스럽게 형성된 것이라기보다는 자신만의 스타일을 의도적으로 만든 측면이 강하기 때문이다. 즉 그녀의 이미지 구성 작법은 철저히 계산된 것이다. 그녀는 이렇게 말한다.

"나는 사람을 잘 상대한다. 그들이 나를 좋아하게 만들고, 나에게 돈을 주고 싶어 하게 만드는 능력이 있다. 자본주의 사회라는 건 움직이고 도전할수록 퍼낼 수 있는 샘물 아닌가."

### 김미경의 '아트 스피치'

1. 테크닉이 아니라 콘텐츠다.
    : 당신만의 독특한 경험, 지식, 지혜를 녹여라. 사투리를 써도 된다. 목소리가 나빠도 괜찮다.
2. '공감'으로 승부하라.
    : 다양한 사람을 만나 관찰하라. 거기서 에피소드를 이끌어내고 활용하라. 주장하지 말고 설득하라.
3. 노래하듯, 연주하듯 말하라.

: 강약과 리듬이 청중을 몰입시킨다. 콘텐츠가 밑그림이라면 악상기호는 색연필이다. 무대 위에서 로커가 되어라.

4. 비주얼로 포장하라.

: 청중은 당신의 말보다 표정을 본다. 손을 사용하라. 전달효과가 2배 이상 높아진다.

**생각해보기 1**

## 외모보다 중요한 목소리

누군가 말을 할 때 우리는 내용과 상관없이 목소리의 높낮이 톤, 성량, 음색만 듣고도 많은 정보를 파악할 수 있다. 우리는 목소리만 듣고도 귀엽다, 지적이다, 섹시하다 등등 그 사람의 이미지를 유추하곤 한다.

일반적으로 남자의 목소리는 저음일수록 힘이 느껴지고 신뢰감을 준다. 여자의 경우 고음의 목소리는 섹시하게 느껴지는 반면, 업무적으로 유능하다는 인상을 주기는 힘들다. 일반적으로 변화 없이 단조로운 목소리보다는 성량이 풍부하고 톤이 낮으며 음색이 다양한 목소리를 매력적이라고 평가한다.

목소리는 메라비언 법칙에서 가장 큰 비중[38%]을 차지할 정도로 중요한 요소다. 조사결과에 따르면, 목소리가 거슬릴 경우 사람들은 말에 귀를 기울이지 않거나 그 사람을 완전히 무시하는 경향이 있다고 한다.

30년간 FBI 특별수사관을 지낸 조 내버로는 자신의 저서《우리는 어떻게 설득당하는가》에서 다음과 같이 말했다. "만약 누군가 내게 주름살 제거 수술을 받는 게 나을지, 시간을 조금 들여 목소리를 개선하는 게 나을지 묻는다면 나는 수술비로 쓸 돈은 저축해두고 목소리를 가다듬는 편이 훨씬 낫다고 대답할 것이다."

인간의 목소리는 '언어의 생김새'라고 한다. 사람마다 생김새가 다르듯 목소리도 그렇다. 호감 가는 목소리가 있는가 하면 무슨 말이든 듣고 싶지 않은 목소리도 존재한다. 하지만 이 '생김새'는 타고난 것으로 그치지 않는다. 좋은 목소리를 타고났다면 남들보다 좀 더 유리한 조건을 가진 셈이지만 나쁜 목소리라고 해도 노력 여하에 따라 얼마든지 좋게 만들 수 있다.

그렇디먼 이 타고난 조건을 어떻게 개발해야 할까?

외모를 관리하기 위해선 거울보기를 두려워해서는 안 되며 자신의 단점과 장점, 한계까지도 객관적으로 바라볼 수 있어야 한다. 목소리도 마찬가지다. 일단은 자신의 목소리를 잘 들어야 한다. 그런 다음 목소리의 장단점을 잘 파악해야 가장 기분 좋게 들리는 톤을 찾을 수 있다.

그런데 우리는 의외로 자신의 목소리에 객관적이지 못하다. 음성은 대기의 진동으로만 전해지는 것이 아니라, 몸의 울림을 통해서도 전해지기 때문이다. 즉 타인이 대기의 진동으로 나의 목소리를 접할 때는 우리가 자신의 목소리를 듣는 것과는 다른 목소리로 듣게 된다. 그렇기 때문에 많은 사람들이 녹음된 자신의 목소리를 듣고, '정말 내 목소리 맞아?'라며 반문하는 경우가 많다. 이처럼 자신의 목소리에서 낯섦을 느낄 만큼, 내가 듣는 목소리와 타인이 듣는 나의 목소리는 다르다.

따라서 자신의 목소리를 알 수 있는 가장 효과적인 방법은, 타인이 되어 나의 목소리를 들어 보는 것이다. 완벽하게 육성을 듣는 것과는 약간의 차이가 있겠지만, 쓸모가 많은 방법이다. 요즘에는 녹음할 수 있는 기계들이 많이 있다. 컴퓨터 마이크, mp3, 핸드폰 등 주변에서 손쉽게 이용할 수 있는 간단한 기기들로 자신의 음성을 체크해보자. 기기의 특성을 파악하기 위해 다른 사람의 목소리를 녹음해 보는 것도 좋다. 이렇게 녹음해서 듣다 보면 자기 목소리의 특징을 파악할 수 있다.

이렇게 목소리의 특징을 파악하고 나면, 자신의 목소리에서 단점을 찾을 수 있을 것이다. 이제껏 좋은 목소리라고 생각하고 내

왔던 목소리가 너무 낮거나 너무 높을 수도 있다. 또한 다른 사람의 목소리라고 하면 그렇게 나쁘지 않을 테지만, 어쩐지 나에게 어울리지 않는다는 느낌을 받거나 내가 원하는 목소리가 아닐 수도 있다.

이럴 때는 연습을 통해 자신이 원하는 목소리를 찾아가면 된다. 만약 자신의 목소리가 너무 신경질적이라고 생각된다면 목소리 톤을 낮추고 말을 좀 느리게 하는 것만으로도 많은 도움이 된다. 자신의 목소리가 너무 굵고 허스키하다면 발음을 또박또박 하거나 약간 높은 톤으로 말하는 것만으로도 언어의 전달력을 높일 수 있다.

물론 타고난 생김새보다 그 사람이 짓는 표정이 더 중요한 만큼, 목소리 자체보다는 말투나 말에 담긴 내용이 중요하다. 하지만 이왕이면 다홍치마라고, 음성을 통해 언어를 표현하는 이상 타인에게 듣기 좋은 목소리를 만드는 것이 대화에도 큰 도움이 된다는 점을 기억하자.

| 2장 |

# 열정적이고 도전적인
# 사람들의 소통법

세일즈맨 출신으로 회사를 창업한 후 30년간 '안 되면 되게 하라'는 신조로 일관해 이제는 어엿한 중견기업을 이끌고 있는 윤 사장. 강연하는 그의 모습을 보면 발음이 정확하고 목소리는 쩌렁쩌렁하며 표정에서는 자신감이 넘치고 적어도 30초에 한 번 이상 손을 움직이는데, 크지만 흐트러지지 않은 손동작에서는 힘이 넘친다. 아울러 허리를 숙이지 않고 똑바로 서 있는 자세에서는 강한 의욕을 엿볼 수 있다.

하지만 강연을 마칠 때는 친구를 만날 생각에 들뜬 어린아이처럼 무척 빠르게 머리 인사를 하는데, 정중하다는 느낌이 조금 부족해 보인다.

특히 그의 발걸음은 무척 빠르다. 임직원들은 하나같이 "사장님의 걸음은 정말 빨라요. 웬만해서는 따라갈 수 없는 속도에요"라고 말한다. 그는 일부러 더 씩씩하고 빠르게 걷는다고 한다. 나이 든 사장이 움직이니 나이 든 임원은 물론 젊은 팀원까지 활기차게 움직일 수밖에 없다고 한다.

## 열정적이고 도전적인 사람들의 특징

윤 사장은 전형적인 열(熱) 유형의 사람이다. 온 몸으로 열정을 표현하는 열(熱) 유형은 매사 의욕이 넘치고 도전적인 성향이 강하며, 일을 추진함에 있어 열렬한 애정과 힘을 보여주는 실행가적 스타일로, 이 유형의 사람들은 조직을 파워풀하게 이끄는 리더인 경우가 많다.

어느 유형보다 몸짓에 자신감이 넘치고, 외향적인 손동작을 자주 사용하는데, 특히 손가락 끝에도 힘을 주어 손이 주는 이미지가 강렬하다. 또한 발걸음이 힘차고 당당하며, 다소 큰 보폭으로 빠르게 걷는 편이다. 신체동작만큼 목소리도 큰 편이며 말의 속도가 빠르다.

실행가 위주의 이 유형에서 가장 자주 발견되는 몸짓은 회의시간이 끝나가거나 장소 이동을 해야 할 경우에 나타나는데, 나갈 방향으로 몸통을 약간 기울이고 무릎을 손바닥으로 감싸 쥐며 발에 몸의 무게를 옮기는 것이다. 이는 가장 먼저 일어나 떠날 준비가 됐다는 비언어신호로, 다소 성급한 열 유형의 성향을 단적으로 드러낸다.

보이는 것보다는 실행을 중요하게 여기는 유형답게 옷차림이나 꾸미는 것에는 관심을 기울이지 않는 경우가 많다. 비즈니스 여성이라면 화장을 전혀 하지 않거나 스피드 메이크업을 선호해 눈화장 시 라인만 그리고 색조화장에는 많은 시간을 쓰지 않는 편이다. 헤어스타일은 여성의 경우 손질이 필요하지 않은 짧은 헤어나 파마스타일이 많고, 남자라면 스포츠머리처럼 짧은 헤어스타일을 선호한다.

이 유형의 특징은 빠르게 결과를 얻고자 하며, 의사결정 역시 빠르다는 것이다. 이들은 다른 사람의 행동을 유발시키며, 도전을 받아들이고 어려운 문제를 처리한다. 기존의 상태에 문제를 제기하고 지도력을 발휘한다. 하지만 배려가 부족해보일 수 있고, 강압적인 위협으로 상대방에게 불편함을 줄 수 있다.

연애 스타일은 어떨까? 드라마나 영화에서의 키스 장면을 떠올려보면, 집 앞이든 공공장소든 장소를 가리지 않고 과감히 다가가 키스할 수 있는 유형으로 상대방의 상태를 살피기보다는 본인의 감정에 충실한 스타일이다. 행동을 중요시하기 때문에 말은 삼가는 편이다. 키스하려는 순간에는 손과 입술이 먼저 상대방에게 다가가는 듯 보이지만, 사실 가장 먼저 움직이는 신체부위는 발과 다리다. 앞으로 성큼성큼 다가가 놀라 뒤로 물러나는 그녀를 과감히 안아주거나 벽으로 밀어 도망가지 못하게 만드는 것이다. 여성이 갑자기 다가가 키스를 하는 경우에는 대부분 이 유형인 경우가 많다.

## 에너지가 넘치지만, 함께 있기 부담스러울 수도

윤 사장이 나를 찾은 이유는 인터뷰 스킬 때문이었다. 방송 인터뷰가 부쩍 많아지면서 사내 브랜드관리부서에서는 윤 사장의 미디어 적응기술과 노하우가 필요하고 생각했다. 윤 사장 자체가 회사의 브랜드이기 때문이다.

영상 촬영은 사진 촬영과는 사뭇 다르다. 윤 사장의 경우 카메라와 조명이 있는 세트장에서 코칭을 진행했다(그의 회사가 공중파 방송을 제작하는 프로덕션과 파트너십을 맺고 있어서 가능했다). 무엇보다도 미디어 트레이닝은 반복적인 연습을 통해 울렁증을 줄이고, 카메라 및 조명과 친해지는 것이 중요하다. 카메라를 바라보아야 할 때와 보지 말아야 할 때, 그리고 언제 진행자를 바라보는 것이 가장 좋은지와 같은 기본적인 기술도 익혀야 한다. 윤 사장은 연예인이 아닌 한 회사의 사장이자 그 회사를 대표하는 브랜드이기 때문에, 인터뷰나 방송 출연이 마케팅 차원으로서의 접근이라는 점을 잊으면 안 된다. 따라서 신뢰를 주는 시선과 몸짓, 그리고 앉은 자세 등의 비언어커뮤니케이션이 무척 중요하다.

우리가 잘 알고 있는 유명인 가운데 가수 박정현과 현대그룹 고<sup>故</sup> 정주영 회장, 그리고 오케이아웃도어닷컴의 장성덕 대표가 이 유형에 속한다. 실행력이 강한 이 세 사람의 비언어커뮤니케이션을 분석해보았다. 뛰어난 가창력을 몸으로 표현하는 가수 박정현, 당당한 몸짓으로 언제나 청춘이었던 정주영 회장, 그리고 반복 행동으로 실행가의 이미지를 형성한 장성덕 대표를 통해 열정적이고 도전적인 사람들의 소통법을 알아보자.

# 가창력을 몸짓으로 보여주는 디바
# 박정현

> 박정현은 자신만의 노래 스타일을 몸짓을 통해 효과적으로 보여주는 가수다. 그녀의 현란한 손짓이나 눈짓은 그녀만의 '서명', 혹은 '트레이드마크'로서 개성 있는 비언어커뮤니케이션 방식이 된다.

풍류를 즐기는 한국 사람들은 노래에 대한 애정이 남다르다. 가수는 선곡과 가창력에 따라 이미지가 결정되기도 하고 그동안의 이미지를 변화시키기도 한다. 이때 노래를 부르는 스타일에 따라서도 이미지가 형성된다.

박정현은 <나는 가수다>라는 TV 예능 프로그램을 통해 '국민요정'이라는 애칭을 받을 만큼 인지도를 높이는 데 성공했다. 그녀는 키가 작고 아담하며 귀여운 인상이다. 하지만 노래를 부르기 시작하면 관객은 그녀가 귀엽다는 생각을 잊은 채 카리스마 넘치는 열정을 보게 된다. 그녀는 타고난 가창력과 라이브 무대를 통해 단련된 실력으로 외모가 주는 이미지에서 반전효과를 극대화 한다. TV 경연 무대에서 그녀가 보여주는 무대 장악력은 뛰어난 가창력에 힘입은 바 크다.

하지만 이게 전부가 아니다. 반전효과를 극대화하는 또 다른 기술적인 장치가 있으니, 바로 그녀의 몸짓이다. 가사에 들어맞는 동작들이 직접적이라면 상황에 따라 상큼하게 또는 폭발적으로 돌변하는 몸짓은 함축적이고 강하다. 그녀는 '음정을 잡기 위해 손동작을 취한다'고 말한다. 고음을 내거나 멜로디가 복잡할 때 음을 그린다고 생각하며 손을 움직인다는 것이다. 특히 오른손을 자주 들어 올리고, 발은 어깨 너비로 벌리는 경우가 많다. TV에서 박정현의 얼굴과 목소리가 나오지 않아도 손동작만으로도 그녀임을 눈치 챌 수 있을 정도다. 한 개그 프로그램에서 그녀의 동작과 표정을 따라 하기도 했는데, 그것이 가능한 이유는 이렇듯 그녀만의 독특한 비언어적 요소가 있기 때문이다. 비언어커뮤니케이션에서는 이를 '비언어서명 nonverbal signature'이라고 한다.

## 비언어서명을 개발하라

비언어서명이란 쉽게 말하면 개인의 트레이드마크다. 특정한 몸짓이나 동작이 한 개인과 강력한 연관성을 가지면서 마치 그 사람의 서명처럼 보이게 되는 것이다. 가령 손동작은 누구나 하지만, 한 개인이 특정 손동작을 반복하면 그 손동작만 보고도 그 사람만이 연상되는 식이다. 이야기할 때 늘 머리카락을 쓸어 넘기는 여자, 다리를 떨지 않으면 못 배기는 친구, 어깨를 유난히 들썩이는 남자 등 이런 '서명'은 주위에서 쉽게 찾아볼 수 있다.

특히 유명인사들은 이런 동작에 민감하고, 대중 역시 이를 통해 유명인사를 쉽게 기억한다. 예를 들어 가수 임재범은 노래 도중 고개를 뒤로 젖혀 시선을 끌었고, 하춘화는 눈을 뒤집는 듯한 표정을 자주 보이며, 나훈아는 애교 있게 입술을 힘주어 깨문다. 노래할 때 특유의 버릇이 있는 가수는 반복적인 동작을 체화하면서 일종의 서명효과로 인지도를 높이고, 개성 있는 극적 재미까지 더한다.

영국의 사회심리학자 피터 콜릿의 저서 《몸은 나보다 먼저 말한다The Book of Tells》를 보면 다음과 같은 내용이 나온다. 로마의 저술가 플루타르크에 따르면 줄리어스 시저는 집게손가락만을 이용해 머리를 긁적이는 버릇이 있었다고 한다. 이러한 행위는 시저가 필요 이상으로 헤어스타일에 신경을 썼으며, 자만심이 강한 사람이었다는 것을 의미한다. 또한 아돌프 히틀러는 자신의 성기 앞에 양손을 깍지 끼고 서 있는 습관이 있었는데, 이는 방어적인 자세로 사회적으로나 성적으로 불안한 사람들에게서 흔히 보인다. 당시 히틀러의 그런 행동을 보고 "제3국의 마지막 실업자를 가리고 있다"는 농담이 떠돌기도 했다.

## 박정현의 소통 스타일

박정현은 노래할 때 온몸으로 열정을 표현하는 전형적인 '열熱' 유형의 사람이다. 감정을 온몸으로 표현하며, 노래 가사와 분위기에 빠져 무대를 즐긴다. 지금까지 살펴보았듯이, 그녀는 노래 부를 때 자신만의 습관이 있다. 이소라가 의자에 앉아서 눈을 감고 노래하는 것처럼, 그녀에게는 현란한 손짓이 있다. 이는 그녀의 트레이드마크가 되고, 사람들은 그녀가 부르는 노래는 물론 트레이드마크를 통해서도 그녀를 인식한다.

향후 그녀의 외적인 이미지는 계속 바뀌겠지만 그녀는 가수이며, 우리는 여전히 그녀가 노래 부르는 모습에서 열정과 카리스마를 느끼게 될 것이다.

:: 설문조사결과

응답자들은 박정현의 비언어커뮤니케이션 유형에 대해 열정적임을 제1순위로 꼽았다.

| 유형 | 평균 | paired t-test |
|---|---|---|
| 열정적임 | 5.9650 | ooo |
| 부드러움 | 5.3800 | |
| 귀여움 | 5.3300 | |
| 유쾌함 | 5.1300 | |
| 지적임 | 5.1250 | |
| 치밀함 | 4.8500 | |
| 우아함 | 4.6950 | |
| 섹시함 | 4.2300 | |

| 유형 | 남(N = 100) | 녀(N = 100) | 유의차 |
|---|---|---|---|
| 열정적임 | 6.0200 | 5.9100 | Ns |
| 부드러움 | 5.2300 | 5.5300 | Ns |
| 귀여움 | 5.2200 | 5.4400 | Ns |
| 유쾌함 | 5.0600 | 5.2000 | Ns |
| 지적임 | 5.0900 | 5.1600 | Ns |
| 치밀함 | 5.0100 | 4.6900 | .034 |
| 우아함 | 4.7100 | 4.6800 | Ns |
| 섹시함 | 4.3900 | 4.0700 | Ns |

## 강인함 속의 부드러운 미소
# 정주영

> 정주영 회장의 긍정적인 몸짓은 사회적 활동의 메시지를 강화시키는 신호로 작용한다. 조직을 운영할 때는 무엇보다 사람을 잘 다루어야 한다. 그는 낮은 자세와 자신감 넘치는 모습을 보임으로써 조직원들에게 동기부여를 하고 그들로 하여금 따라오게 만들었다.

정주영 회장의 입가는 늘 위로 향해 있다. 또한 그는 매사 활기차며 긍정적이다. 크고 외향적인 손동작이 이를 방증한다. 말할 때는 특히 손바닥을 보이며 말하는데, 이는 솔직함을 드러내는 긍정적인 몸짓이다. 경영자가 이런 모습이니 임직원들도 긍정적이고 활기차게 움직일 수밖에 없다. 1983년 7월 현대그룹 신입사원 하계수련대회 특강에서 그는 다음과 같이 말했다.

"나는 새벽 일찍 일어난다. 그날 내가 할 일에 대한 기대와 흥분으로 마음이 설레기 때문이다. 밤에는 항상 숙면할 준비를 갖추고 잠자리에 든다. 다음날 즐겁고 힘차게 일해야겠다는 생각 때문이다. 내가 이렇게 행복감을 느끼면서 살 수 있는 것은 이 세상을 아름답고 밝게, 희망적으로 보기 때문이다.

이는 정주영식 메타신호<sup>meta signal</sup>다. 앞서 말했듯이 메타신호란 신호에 대한 신호로서, 동작의 실제 의미를 바꾼다. 이는 그가 내보내는 다른 신호들의 기본적인 '해독방법'을 제시한다. 대장 원숭이가 넓은 보폭의 걸

음걸이를 보이면 다른 동작에 대해서도 동료 원숭이들이 강한 인상을 받는 것처럼, 정주영 회장의 의욕적인 모습과 힘찬 걸음걸이는 그가 실천하는 사회적 활동의 메시지를 강화시켜 직원들로 하여금 따라오게 만든다. 이것은 거울뉴런을 통한 '리딩<sup>leading</sup>' 이론으로 설명할 수 있다.

앞서 언급했듯이 근육과 신체 움직임을 통제하는 운동신경세포 가운데 하나인 거울뉴런은 인간의 모방과 공감 능력의 근원이다(유재석 편 참고). 거울뉴런은 타인의 행동을 '거울처럼 반영해' 관찰자 자신이 그렇게 행동하는 것처럼 느끼게 한다. 아픈 사람을 보고 아프다고 느끼고, 열정적인 사람을 보고 의욕에 불탔던 경험이 누구에게나 있을 것이다.

거울뉴런이 존재하는 이유는 인간이 사회적 존재이기 때문이다. 즉 다른 사람들과 더불어 생활해야 하는데, 이를 위해서는 의사소통이 원활해야 하고 그러려면 타인의 의도를 파악하고 공감하는 능력이 필요한

것이다. 특히 따르고 싶거나 모방하고 싶은 사람일수록 거울뉴런은 활발하게 작용한다. 정주영 회장의 긍정적이고 자신감 넘치는 모습은 직원들의 거울뉴런을 자극해 어느 순간 그를 모방하게 만든다.

## 마음을 얻는 자가 성공한다

밑바닥에서부터 시작한 그는 사람 다루는 법을 익히 알고 있었다. 사업을 하려면 사람을 잘 다루어야 하고, 사람을 잘 다루기 위해서는 먼저 사람의 마음을 얻어야 한다.

마음을 얻기 위해서는 먼저 편안함, 친밀감을 형성해야 한다. 그는 상대방이 거부감을 느끼지 않도록 허리를 숙이고 먼저 다가갔다. 그리고는 부드러운 시선으로 바라보았으며, 무언가를 설명할 때는 상황에 맞게 적절한 손짓을 구사했다. 이런 그의 모습이 만만하게 보이지 않았던 이유는 그가 실력을 갖추고 있었으며 강한 말투와 힘 있는 걸음걸이를 통해 자신감을 표출했기 때문이다. 어려서부터 우리는 자신과 닮은 사람이 편안하다는 사실을 자연스럽게 터득한다. 인간관계가 좋고 사람을 다룰 줄 아는 사람들은 이 점을 잘 알고 있다. 이렇게 해서 쌓인 친밀감은 곧이어 신뢰로 이어진다.

정주영 회장은 누구를 만나도 상대와 완전히 같은 파장 안에 있었고, 친밀함을 형성해 가까워진 뒤 그 사람이 따라오게 만들었다. 사업은 결국 내가 원하는 방향대로 파트너가 따라와야 성공하는 것이다.

## 정주영의 소통 스타일

그는 몸짓이 힘차며 시원스럽다. 게다가 강인함 속에서 느껴지는 부드러운 미소는 그를 또 보고 싶게 만드는 매력이 있다. 정주영식 비언어 커뮤니케이션은 상대방을 긴장시키면서 리더로서의 자신감을 보여주는 한편, 거부감이나 위화감이 들지 않도록 상대를 편안하게 하는 것이다. 일에 대한 열렬한 애정을 보여주는 그는 전형적인 '열熱' 유형의 사람이다.

# 반복 행동으로 형성된 '실행'의 아이콘
# 장성덕

> 아웃도어 온라인 기업인 오케이아웃도어닷컴의 장성덕 대표는 '실행력을 갖춘 리더'로 널리 알려져 있다. 외향적 몸짓이 아닌 행동의 반복을 통해 형성된 이미지다. 이렇듯 반복된 행동으로 형성된 이미지는 쉽게 사그라지거나 오해받지 않는다.

연예인과 정치인처럼 방송이나 미디어를 통해 이미지를 보여주고 그에 따라 평가를 받는 직업의 사람이 있는 반면, 기업의 임원이나 수많은 모임·단체의 리더들은 사회적인 관계의 필요성 때문에 이미지를 관리한다. 광범위한 대중적 접촉과 무관한 리더들은 순간적으로 보이는 비언어적 이미지에 예민하게 반응할 필요가 상대적으로 적다. 연예인이나 정치인들이 드라마의 한 장면, 카메라에 찍힌 한 순간으로 인해 이미지가 결정되는 것과는 차원이 다르다.

대중적 노출에 따른 영향이 상대적으로 적은 사람들은 주변과의 잦은 접촉을 통해 전달된 행동패턴을 통해 평가받게 된다. 예를 들어 수첩에 늘 무엇인가 적고 확인하는 사람은 치밀하고 계획적이며 때로는 지나치게 꼼꼼하다는 인상을 준다. 또 만날 때 항상 늦게 나타나는 사람은 불성실하다는 부정적 이미지를 남긴다. 습관적인 행동패턴에 의해 이미지가 만들어지고 깊은 인상을 남긴다는 뜻이다.

## 반복 행동으로 형성된 이미지

실제 만나본 장성덕 대표는 악수와 몸짓에 자신감이 넘치는 비즈니스의 고수였다. 말의 속도는 빠른 편이다. 회사 업무와 관련된 얘기를 할 때는 더욱 빨라지고 목소리 역시 커졌다. 급하지만 열정적이라는 인상을 주었다. 말이 빠른 사람은 에너지가 넘쳐보이기 마련이다. 또한 대체로 설득력 있고 믿음직스럽다.

장성덕 대표는 또 하나의 특징이 있는데, 항상 메모를 한다는 것이다. 업무와 관련해 듣기만 하면 금세 잊어버리고 미루기 때문에 생긴 습관이라 한다. 그런데 수많은 메모를 하고 있는 것에 비해 책상에는 별로 붙어있는 게 없다. 메모한 내용을 바로 실행하고 떼어

버리기 때문이다. 처음에는 조금만 지나면 책상이 너저분해졌다고 한다. 하지만 그는 이를 견디지 못했고, 그래서 적어놓은 것을 바로 실행에 옮겼다. 그러한 행동을 반복하다 보니 중요한 메모일수록 그의 책상에 붙어 있는 시간이 짧아졌다.

이렇듯 메모하고 바로 버리는 습관적인 행동패턴 덕분에 그는 '기억하기 위해 버리는 사람이 아니라 실행하기 위해 버리는 사람'이라는 이미지를 얻게 되었다. 메모하는 습관 하나만으로 '실행력 있는 사람'이라는 이미지를 구축하고 있는 셈이다. 그는 이렇게 말한다.

"저는 매일 아침 1시간 정도 시간을 내어 10~20장 정도에 생각나는 걸 적습니다. 그리고 그중 70~80% 정도는 당일에 버립니다. 버린다는 건 뭐겠습니까? 즉시 실행한다는 거겠죠."

장성덕 대표는 시행착오를 즐기는 사람이다. 떼어버리는 메모가 많은 이유다. 그는 어떤 결정을 내리든 5분 이상 끌지 않는다. 사소한 일, 중요한 일을 가리지 않고 대체로 5분 안에 결정한다. 어떤 사안을 접하고 그때부터 생각하기 시작하면 이미 늦는다는 것이다. 실패로 이어질지언정 5분 안에 과감하게 결정을 내리는 행동패턴은 빠른 실행력을 갖췄다는 이미지를 보여주기에 충분하다.

반복적인 행동패턴으로 인해 형성되는 이미지는 무엇보다 확고한 만큼 쉽게 구축하기 어렵다. 습관은 한번 흐트러지면 바로잡기 어렵기 때문이다. 장성덕 대표처럼 규칙적으로 생활하고 철저하게 자기관리하지 않으면 쉽지 않은 일이다. 장 대표는 이렇게 말한다.

"다양한 정보와 똑똑한 인재들이 넘쳐나는 세상에서 성공을 거머쥐는 사람은 결국 실천하는 사람 아닐까요? 실천하는 사람, 자신감을 가진 사람, 경험해본 사람이죠. 엉덩이를 땅에 붙이고 움직이지 않으면서 항상 말로만 이렇게 하면 된다, 저렇게 하면 된다, 나중에 해볼 것이다, 그렇게 해서는 되는 게 없죠."

## 장성덕의 소통 스타일

인터뷰할 때 그는 의자 뒤 끝까지 엉덩이를 붙이고 편하게 기대어 앉아서 턱을 살짝 들고 있었으며, 손의 움직임은 많고 큰 편이었다. 외향적인 스타일이지만 표정의 변화는 거의 없었다. 대화를 하면서 가끔 두 손을 불끈 쥐곤 했는데, 비즈니스를 하면서 어렵게 이룬 성공담을 말할 때 특히 그랬다. 말이나 행동이 빠른 그는 실행가이며, 전형적인 '열熱' 유형의 사람이다.

**생각해보기 2**

## 피노키오 효과

　　　　　　　　　　거짓말을 하면 실제로 인간의 코가 커진다는 사실이 밝혀졌다. 거짓말은 사람을 긴장하게 만들고 이 때문에 혈압이 상승해 코가 팽창하고 코끝이 가렵게 된다. 간지러움을 해소하기 위해 손으로 코를 만지게 되는데, 거짓말을 하는 자주 취하는 동작이다. 이런 증상은 흥분하거나 불안하거나 화가 났을 때도 똑같이 나타난다.

귀 만지기는 들을 만큼 들었다는 표시거나 이제는 자신이 말을 하고 싶다는 뜻이다. 하지만 귓불 아래쪽 목을 긁적인다면 상대가 동의하는지 아직 확실치 않아 불안감을 느끼는 것이다.

옷의 목둘레를 잡아당기는 것은 거짓말을 하면서 상대가 의심할지 모른다는 생각에 혈압이 상승하면서 목 근처에 땀이 나기 때문이다.

손을 얼굴 가까이 가져가는 행위는 대부분 거짓말이나 속임수와 관련이 있는데, 입에 손가락을 넣는 것은 안정감에 대한 욕구의 표현이므로 상대가 이런 몸짓을 한다면 확신을 심어주고 안심할 수 있도록 만들어주는 것이 좋다.

한편 뇌에서 멀리 떨어져 있는 신체부위일수록 감정을 솔직하게 드러내는 반면, 스스로는 무엇을 하고 있는지 쉽게 인식하지 못한다. 즉, 발과 다리는 거짓말을 하기 힘들다. 소개팅에 나갔다고 하자. 상대방이 마음에 들면 당신의 다리는 상대방을 향해 있을 것이다. 마음에 들지 않는다면 한쪽 발이 나가고 싶은 방향, 혹은 문을 향해 있을 것이다. 당신이 후자의 자세로 서서 대화를 나눈다면 상대방은 비언어에 대한 지식이 없어도 당신이 자신과 대화하고 싶지 않다는 것을 본능적으로 느끼게 된다. 당연히 소개팅이 잘될 리 없다.

핸드폰을 자주 만지작거리는 행동은 두 가지 상반된 의미를 내포한다. 바쁜 사람이라는 이미지도 주기도 하지만, 마음이 불안해 주위의 접근을 막는 방어행동이기도 하다.

| 3장 |

# 치밀하고 분석적인
# 사람들의 소통법

# 密

국내 유명 회계법인에 입사해 임원의 위치까지 오른 김 상무는 20년 동안 치열하게 살아서인지 말투나 몸짓에서 치밀함이 묻어나왔다. 그는 자신이 해야 할 말과 들어야 할 말을 확실히 알고 있었으며, 대화내용을 벗어나면 용납할 수 없다는 듯 미간을 살짝 찌푸리거나 입술 주변에 긴장한 모습이 역력했다. 얘기를 들을 때는 다리를 포개어 무릎으로 벽을 만들고는 상대방을 분석하는 듯이 쳐다보았으며, 자신이 말할 때는 왼손바닥을 펴고 오른손으로 칼질을 하듯 하나하나 설명하는 손동작을 자주 보였다.

### 치밀하고 분석적인 사람들의 특징

김 상무는 전형적인 밀密 유형의 사람이다. 감정표현을 절제하며, 모든 일에 있어 대체로 분석적이고 치밀하다. 회사 차원에서 이미지컨설팅을 꾸준히 받고 있어서인지 그는 복장이나 헤어스타일, 심지어 지갑, 명함지갑, 펜, 안경, 구두, 액세서리까지 빈틈없는 회계사로서의 이미지를 완벽하게 갖추고 있었다. 특히 여러 방면에 통달한 박학다식함은 전문가로서의 이미지를 다지기에 충분했다.

밀® 유형은 비언어커뮤니케이션 스타일도 빈틈없고 차분하며 분석적이고 조심스럽다. 또한 허리를 꼿꼿이 세운 듯 자세가 바르며, 걸음걸이는 느리지만 당당하다. 목소리는 단조로우며 톤이 낮고 느린 편이다. 포커페이스처럼 표정의 변화가 거의 없으며, 필요하다고 생각할 때만 보디랭귀지를 사용하는데, 단호하다. 가령 손가락을 모으고 강하게 내리치거나, 강조하는 순간에는 시선과 고개를 돌려 손을 내리치는 경향이 있다. 하지만 손동작의 범위는 크지 않아 손이 머리 위로 올라가거나 팔을 모두 펴서 이야기하는 경우는 흔치 않다.

이 유형의 사람들은 일반적으로 지시나 기준에 관심을 두고 세부사항에 신경 쓰며 일을 정확하게 한다. 또한 분석적으로 사고하고, 찬성과 반대 의견 및 장단점을 고려하며, 예의가 바르고 격식을 차린다. 업무수행에 있어서는 비판적으로 분석하며 상황이나 활동에 대해 체계적 접근을 시도한다. 이 유형의 단점이라면 즐거움이 부족하고 계산적인 사람으로 오해받을 수 있다는 것이다.

격식을 중요시하기 때문에 T.P.O Time, Place, Occasion 에 따라 전략적인 복장을 차려입지만, 멋을 내기 위한 세련됨이나 남들에게 주목받기 위한 화려함과는 거리가 멀다. 비즈니스를 하는 여성이라면 전문가다운 모습을 보여줄 수 있는 짧은 헤어스타일이 많고, 아이라인이나 강한 립스틱을 활용하는 등의 포인트 메이크업을 선호하는 편이다. 남자의 경우에는 헤어스타일의 변화가 거의 없고 클래식한 스타일을 선호한다.

그렇다면 연애 스타일은 어떨까? 상대방과 첫 키스를 할 경우 준비된 상황이 연출될 때까지 기다릴 수 있는 유형이다. 키스를 하는 순간에는 먼저 양손으로 여자의 팔뚝을 살며시 잡아 스킨십과 눈빛으로 상대방의 상태와 기분을 살핀 뒤 천천히 다가가 키스하는 스타일이다. 처음에는 가볍게 서로 입술과 입술을 맞대기만 하다가, 사랑이 확인되면 그 다음 단계로 넘어가는 매뉴얼 스타일이라 볼 수 있다.

### 지적으로 보이지만 차가운 사람으로 비칠 수도

김 상무가 개인적으로 나를 찾은 이유는 다름 아닌 주변인과의 관계에서 오는 불편함 때문이었다. 격식을 중요하게 생각하기 때문에 남에게 피해를 주는 유형이 아님에도 불구하고 그는 오래된 파트너들과 깊이 있는 친분을 쌓기는커녕, 갑과 을의 관계로만 유지되는 것이 아쉬워 문을 두드렸던 것이다.

김 상무는 자신만의 유머대화법을 찾는 것과 더불어, 상대방을 편안하게 배려하는 비언어커뮤니케이션을 개발할 필요가 있었다. 전문가로서 그의 이미지는 완벽했지만, 일반적으로 직급이 높아질수록 일에 대한 완벽함 못지않게 중요한 것이 인간관계에서의 평판관리. 치밀하고 분석적인 유형의 사람들이 놓치기 쉬운 부분이 바로 이것이다.

관계에서의 호불호는 이성적으로 설명되지 않는 부분이 많은데, 바로 감정을 전달하는 보디랭귀지에서 오는 경우가 많다. 친해질수록 함께 있을 때 편해야 하는데도, 늘 평가당한다고 느껴지거나 신경을 써야 한다면 상대방은 피곤할 수 있다. 김 상무도 상당히 유머러스하고 이야기하는 걸 좋아함에도 불구하고 자신의 모습을 드러내지 못하는 부분이 있었다.

그래서 일할 때와 가까운 지인을 만날 때의 이미지를 달리하기로 했다. 우선 현재 착용하고 있는 금테안경을, 저녁에는 다소 두께감이 있는 둥근 모양의 갈색 뿔테로 바꿔 착용했다. 대화할 때 가장 시선이 많이 가는 눈 주변을 부드럽게 바꾼 것이다. 말투는 '~습니다', '아닙니까' 등의 '다까'체 사용을 자제하고, '~했어요?', '~하죠' 등의 '요죠'체를 사용했다. 상대방이 이야기할 때는 고개를 끄덕이거나 몸을 상대방에게 기울여 공감하고 있음을 표현했고, 자신이 더 잘 알고 있는 내용이라도 아는 척하지 않는 데 집중했다.

우리가 잘 알고 있는 인물 가운데 전 MBC 앵커 손석희 교수와 성주그룹 김성주 회장이 이 유형에 속한다. 이 두 사람의 비언어커뮤니케이션을 분석해보았다. 날카롭고 매서운, 그러나 차분한 진행으로 신뢰감을 주는 손석희 교수와 미디어 노출을 통해 이미지 확장에 성공한 글로벌 마케터 김성주 회장을 통해 차분하고 분석적인 사람들의 소통방법을 살펴보자.

## 신뢰를 부르는 무표정의 카리스마
# 손석희

> 손석희 교수는 날카로운 저널리스트의 아이콘이다. 오랜 방송생활을 거치면서 그는 자신만의 단조로운 어투를 활용해 공격적인 방식의 진행을 즐겼다. 날카로움을 화려하게 드러내지 않는 차분한 비언어커뮤니케이션은 그의 날선 표현들을 부드럽게 감싸준다.

"예. 거기까지 듣겠습니다."

"두 분, 마이크 내려주세요."

MBC의 간판 프로그램인 <100분 토론>을 진행할 때 손석희 교수가 자주 사용한 말이다. 어떤 토론 참가자도 그의 단호한 진행에는 어느 정도 승복하고 넘어갈 수밖에 없었다. 그의 질문을 받아본 사람들은 '예상치 못한 질문으로 당황스러운 적이 많았다'고 기억한다. 치밀함과 날카로움으로 대표되는 그의 진행방식은 대중에게 카타르시스를 선사한다. 컴퓨터 백신 프로그램인 V3를 닮았다는 평가가 나오는 이유다.

손석희 스스로도 '날카로움은 앞으로도 계속 지향할 것이며 흔들림 없이 해나가겠다'고 공언했다. 그리고 유행어와 농담을 모르는 것은 아니다. 일  례로 그가 진행하는 라디오 프로그램에 게스트로 출연한 홍준표 대표가 서울시장 출마 의향을 역으로 묻자, 그는 홍 대표가 '안철수 출마설'과 관련해 "철수가 나오면 영희도 나오겠다"고 말한 것에 빗대어 "저는 영희가 아니라서요"라고 했다. 이어서 "다 나가면 소는 누가 키우겠습니까?"라는 재치 있는 답변으로 정치권에 나설 뜻이 없음을 밝혔다.

하지만 그의 농담은 희화화되거나 결코 가볍게 받아들여지지 않는다. 그가 지닌 날카로운 이미지 때문이다.

## 말투는 말의 의미를 변화시킨다

연구결과에 따르면 외향적이고 지배적인 성격을 가진 사람은 상대적으로 크게 말하는 경향이 있다. 다시 말해 우리는 대개 말이 담고 있는 의미가 중요하다고 생각하지만, 말은 목소리라는 비언어적 요소에 의해 그 의미의 외연이 확장되거나 축소되는 경우가 많다. 예를 들어 아무리 좋은 말이라도 무뚝뚝하거나 거칠게 말하면 칭찬처럼 들리지 않는다. 반대로 사실상 비난하는 말이라도 차분하고 부드럽게 돌려 말하면 생각보다 기분이 나쁘지 않다.

손석희 교수의 말투와 어조는 엄밀히 평가하면 지극히 '단조롭다.' 말할 때 그는 항상 입을 작게 벌리고 입술을 많이 움직이지 않는다. 소리의 높낮이, 속도 등도 큰 변화를 보이지 않는다. 일반적으로 작은 발언은 정확하게 발음하기 어렵고 다소 어눌하게 보일 수도 있다. 또한 부끄러움, 불안, 연약함 등을 의미하는 경우가 많다. 하지만 손석희 교수의 경우 과열될 수 있는 토론 분위기를 진정시키는 역할을 한다.

그는 표정의 변화도 거의 없다. 억지로라도 웃지 않으려는 모습을 자주 보인다. 어깨도 들썩임 없이 고정돼있다. 감정 표현을 절제하기 위해 노력한다는 인상을 주기에 충분하다. '내성적이고 수줍음이 많다'는 본인의 자평이 있기는 하지만, 그는 치밀함과 날카로움을 중화시키는 언어구사방식을 정확히 이해하고 있거나 본능적으로 갖추고 있는 셈이다. 다른 방송 진행자에 비해 손동작이나 표정 변화가 많지 않은 것은 상대방에 대한 자극의 수위를 적당히 조절하는 역할을 한다.

## 날카로움을 중화시키는 수수함

손석희 교수와 박원순 서울시장이 1956년 동갑내기라며 인터넷에 비교 사진이 나돌아 화제가 된 적이 있다. 나이답지 않은 '동안'임에도 불구하고 그는 자신의 몸을 치장하는 데 절제력을 보인다. 다른 진행자들처럼 번쩍이는 헤어제품을 사용하지 않고 자연스럽게 넘긴 2대 8 가르마의 보수적인 헤어스타일을 고집하는데 냉정하고 날카로운 인상을 무뎌보이게 한다. 그의 2만

손석희 교수가 착용한 2만 원대 손목시계는 차갑고 날카로운 그의 인상을 중화시키고 검소함에 수수한 이미지까지 더한다.

원대 손목시계가 온라인에서 화젯거리가 된 적도 있다. 높은 명성에 비추어 분명한 대비효과를 낳았을 것이 틀림없다. 만약 그가 보다 세련된 장신구와 의상을 걸쳤다면 그의 차가움은 더욱 서늘하게 다가왔을 것이고, 대중에게 카타르시스를 안겨주기에 부족했을지 모른다.

실제 권위적인 시대의 옷차림은 사회적 신호로써 계급의 표현이었고 지금도 복식에는 나름의 문화적·계급적 상징이 담겨 있다. 이른바 값비싼 '명품'에 대한 선호는 누구나 가지고 있지만, 한편으로 혐오감이나 비웃음을 불러오는 것 역시 사실이다. 지명도가 있고 현명한 사람들은 이런 이율배반을 잘 활용한다. 가령 유명인사들이 소박한 티셔츠와 청바지를 걸친다면 어떤 평가가 내려질까? 설사 값비싼 외제차에서 내리더라도, 사회적으로 큰 물의를 일으키더라도, 용서받을 가능성이 높아질 것이다. 유명인의 소박한 복식과 수수한 치장은 '침묵의 계급적 공격'으

로 받아들여져 대중적 공감을 살 수 있다는 말이다.

## 손석희의 소통 스타일

손석희는 빈틈없고 차분하며 분석적인 유형으로, 자세가 바르고 필요한 순간에 사용하는 손짓이 날카로우며 표정 변화가 적다. 털털해 보이는 옷차림과 시계를 비롯한 소박한 착장 아이템들은 언제 어디서나 만날 수 있는 사람인양 친근함을 준다. 그러나 그의 눈빛과 바통[baton]신호, 말투 그리고 질문과 답변은 치밀함으로 무장되어 있다. 손석희는 전형적인 '밀[密]' 유형의 사람이다.

:: 설문조사결과

응답자들은 손석희의 비언어커뮤니케이션 유형에 대해 치밀함과 지적임을 제1순위로 평가했다. '치밀함'과 '지적임'에 대한 평균의 유의차는 없으나 치밀함이 가장 높은 평균을 보였다.

| 유형 | 평균 | paired t-test |
|---|---|---|
| 치밀함 | 6.0600 | |
| 지적임 | 6.0250 | .000 |
| 열정적임 | 5.3950 | |
| 부드러움 | 5.0800 | |
| 우아함 | 4.6050 | |
| 유쾌함 | 4.5050 | |
| 귀여움 | 3.5350 | |
| 섹시함 | 3.4500 | |

| 유형 | 남(N = 100) | 녀(N = 100) | 유의차 |
|---|---|---|---|
| 치밀함 | 6.0300 | 6.0900 | Ns |
| 지적임 | 6.0300 | 6.0200 | Ns |
| 열정적임 | 5.4300 | 5.3600 | Ns |
| 부드러움 | 5.0400 | 5.1200 | Ns |
| 우아함 | 4.5300 | 4.6800 | Ns |
| 유쾌함 | 4.4900 | 4.5200 | Ns |
| 귀여움 | 3.8100 | 3.2600 | .003 |
| 섹시함 | 3.5100 | 3.3900 | ns |

## 탁월한 미디어 소통능력의 소유자
# 김성주

> 김성주 회장은 재벌기업의 막내딸로 태어났지만, 로열패밀리로서의 프리미엄을 포기하고 밑바닥부터 경험을 쌓았다. 글로벌 기업의 경영자이자 마케터로서 그녀는 미디어를 활용해 소통하는 능력이 가장 뛰어난 여성 가운에 한 명이다.

김성주 회장은 휴렛팩커드의 전 여성 CEO 칼리 피오리나와 비교할 점이 많다. 우선 두 사람의 짧은 헤어스타일과 강한 눈빛, 절제됐지만 강렬한 몸동작은 '말보다 행동'이라는 이미지를 주위에 각인시켰다. 또한 이들은 동서를 막론하고 강력한 남성성이 장악해온 리더십을 여성의 힘으로 이루기도 했는데, 이를 보여주는 흥미로운 일화가 있다.

신입사원을 대상으로 한 강연 막바지에 칼리 피오리나는 갑자기 양말을 꺼내 들고는 바지정장 속에 불룩하게 넣은 적이 있다. 남성의 성기를 연상하게 만들었던 셈인데, 여자를 인정하지 않는 임직원들에게 강한 경고를 한 것이었다. 이 사건으로 인해 그녀는 단숨에 내부 조직원들을 장악하게 되었다.

　김성주 회장 역시 여자들에게 '군대에 가라'고 말할 정도로 강력한 메시지를 전달하기도 했다. 물론 이렇듯 강한 이미지는 일부에게 어색함과 거부감을 불러일으키기도 하지만, 강력한 마니아층을 형성하는 데는 유리하다. 김 회장의 MCM이 마니아층이 두터운 브랜드라는 점에서 많이 닮았다.


## 개인의 이미지를 브랜드 이미지로

　김성주 회장은 자신을 브랜드화하고 미디어에 충분히 노출시킨다. 그녀는 자신의 이름으로 된 인터넷 사이트를 운영한다. 살아있는 브랜드인 셈이다. 회사 차원에서 MCM 제품을 홍보하는 것과 별도로, 그녀는 자신의 활동을 사진과 동영상으로 알려 소비자와 소통한다.

김성주 회장은 가장 세련된 방식으로 미디어와 소통하는 CEO다.

　CNN과 BBC 등 유명 방송매체와의 인터뷰를 보면 그녀는 사실상 서구인과 다를 바 없을 정도로 몸짓언어를 충분히 사용하며 다양한 표정을 연출한다. 아울러 동작 하나하나의 의미가 가장 잘 전달되도록 타이밍을 효과적으로 활용한다. 미디어에 대한 자신감을 엿볼 수 있다.

그런데 이는 풍부한 경험과 집중적인 교육이 없이는 힘들다. 가령 그녀의 인터뷰 대응방식만 봐도 기술적

제품과 함께 미디어에 등장함으로써 그녀의 이미지가 곧 제품의 이미지가 된다.

으로 뛰어나다는 것을 확인할 수 있다. 말을 할 때 중요한 메시지를 앞에 두는 점, 주장을 할 때는 근거를 제시하거나 구체적인 이야기를 인용하는 점, 또한 밖으로 뻗는 강렬한 동작을 반복해서 하는 점 등 그녀의 탁월한 미디어 소통 능력은 모두 훈련에서 비롯된 것이다.

또한 그녀는 자신의 제품과 함께 하는 미디어 노출을 기획할 만큼 치밀하다. 때론 MCM 제품과 함께 춤을 추기도 하고, 때론 밝게 웃으면서 여러 자세를 취하기도 하는데, 이는 개인과 기업, 제품의 이미지를 동일화시켜 브랜드 이미지를 극대화하는 방식이다.

스티브 잡스를 생각해보자. 그가 먼저인지 애플apple이 먼저인지 구분하기 어려울 만큼 '스티브 잡스'라는 이름은 애플과 동일시된다. 사망하면서 그는 전 세계에 강한 울림을 남기며 영원한 브랜드로 남았다. CEO와 기업이 하나의 이미지로 동기화돼 기업의 가치를 높인 경우다.

최근에는 우리 주변에서도 적극적인 SNS 활동을 통해 자신의 브랜드 영향력을 과시하는 경우를 쉽게 볼 수 있다. 브랜드의 인지도와 영향력

을 확장하기 위해서는 이렇듯 대중적 소통이 불가피하다. 결국 대중 미디어$^{media}$를 통한 커뮤니케이션 채널을 확보하는 것이 중요하다.

이런 점을 감안하면 <포춘$^{fortune}$>지가 선정한 100대 기업의 임원 가운데 90%가 미디어 트레이닝을 받고 있다는 사실이 놀랍지 않다. 이들 기업은 미디어 트레이닝을 받지 않은 임원에 대해 미디어와의 접촉을 일절 불허하는 엄격한 규정도 갖고 있다. 임원 개개인이 브랜드 이미지에 영향을 줄 수 있기 때문이다.

## 노출된 세상, 미디어 트레이닝은 필수

최근에는 국내에서도 외국계기업 및 대기업의 경영진, 의사, 변호사 등의 전문직 종사자들이 전략적 리더가 되기 위해 필수적으로 미디어 트레이닝을 받는 경우가 많다. '대국민 평가'에 항상 노출돼있는 정치인과 연예인은 말할 것도 없다.

미디어 트레이닝이란 미디어를 이해하고 관계 맺는 방법 및 미디어 대응 요령 등을 훈련받는 것인데, 마케팅 및 PR을 위한 미디어 트레이닝, 위기 커뮤니케이션을 위한 미디어 트레이닝, 그리고 PI$^{President\ Identity}$를 진행하는 VIP용 미디어 트레이닝으로 구분할 수 있다. 미디어 트레이닝의 가장 효과적인 평가방법은 카메라테스트인데, 이를 위해 답변 준비뿐 아니라 인터뷰할 때의 모습, 태도, 표정, 복장, 몸짓 등을 지도받는 것은 필수다. 난처한 질문을 받았을 때, 인터뷰 주제에 대해 나의 생각과 입장을 설득력 있고 합리적으로 전달하기 위해 알아야 할 원칙과 기준 등을 '몸'에 익히는 것이다. 이런 실전훈련뿐만 아니라 스타일과 옷매무새, 적절한 발음 및 발성법 등 미디어 트레이닝의 범위는 무궁무진하다. 김성주 회장처럼 '메시지 구성과 전달 방법'도 선택해야 하고 소통하는 태도, 표정, 목소리 톤 등도 체크해야 한다.

## 김성주의 소통 스타일

김성주 회장은 명품을 만들어가는 CEO답게 자신의 이미지를 치밀하게 관리한다. 마케팅과 소통의 도구로서 누구보다 미디어를 효과적으로 활용하고 있다. 우리나라 CEO 가운데 가장 글로벌하면서도 세련되게 미디어와 소통할 줄 아는 사람이 김성주 회장이라 해도 과언이 아니다.

또한 그녀는 로열패밀리의 혜택을 과감히 버리고 밑바닥부터 배우기 시작해 20년 넘게 패션업계를 이끌고 있는 한편, 노블리스 오블리제 noblesse oblige를 실천함으로써 부자에 대한 반감을 중화시키고 있다. 이렇듯 뛰어난 미디어 전략으로 인해 그녀의 삶은 곧 MCM으로 다가온다.

생각해보기 3

## 나에게 관심 있는 사람 알아내기

남녀 사이에 상대방에 대한 호감을 어떤 몸짓언어로 표현하는지 간단한 실험을 통해 알아보자. 나는 작년에 한 언론사와 함께 20대 남녀 각각 3명이 참여한 미팅 실험을 실시했다. 넓은 탁자를 사이에 두고 남녀 3명이 서로 마주보며 앉았다. 어떤 사람들이 커플이 됐을까?
결과는 진행과정에서부터 어느 정도 예상되었는데, 참가자들이 느끼지 못하는 사이 자신만의 몸짓언어가 드러났기 때문이다.

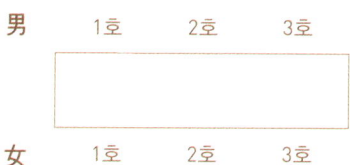

### 종이컵을 사이에 두기

우선 남자1호는 마주앉은 여자1호와의 사이에 종이컵을 두었고, 남자2호는 여자2호와의 사이에 있었던 컵을 옆으로 치웠다. 이렇게 종이컵을 둔 위치와 방식에 의해서도 속마음이 드러난다. 실제 남녀 선택과정에서 남자1호는 여자1호에게 별다른 호감을 느끼지 못했다고 답했고, 남자2호는 마주앉은 여자2호에게 좋은 감정을 느꼈다고 고백했다. 종이컵을 사이에 두는 것은 상대방에게 호감을 느끼지 못해서 방어막을 치는 것이다. 만약 이때 호감을 가진 상대가 나타나면 장애물을 제거하고 적극적인 소통을 하기 시작한다(한번 시도해보라).

흥미로운 사실은 여성 참가자 가운데 가장 나이가 많은 여자3호가 종이컵을 구긴 채 탁자 위에 올려두었다는 것이다. 선택받지 못할 수도 있다는 불안감의 표시였다. 어찌됐건 여기까지만 보면 남자1호와 여자1호는 이뤄질 가능성이 적어보였다.

### 따라하기

다음으로 남녀 참가자 각각 임시로 짝을 지워준 뒤 일대일 대화를 유도했다. 남자2호와 여자2호 커플의 경우, 남자2호는 말을 할 때 여자2호의 제스처를 따라하는 경우가 많았다. 이는 상대에게 호감을 느끼거나 호감을 얻고 싶을 때 보이는 현상으로, 보는 대로 따라한다고 해서 '미러링mirroring'이라고 한다. 이탈리아의 한 대학 연구팀이 인간의 뇌에서 이른바 '거울 신경'을 찾아내면서 과학적으로 입증됐다. 두 번째 미션 결과 남자2호는 여자2호에게 관심이 있었다.

### 거리 조절

마지막으로 두 사람 사이의 거리가 어느 정도 형성되는지 알아보는 실험을 했다. 임시 커플이 된 남자1호와 여자3호. 남자1호는 의자를 앞쪽으로 당겨 몸을 여자3호에게 기울이면서 계속 말을 이어간 반면, 여자3호는 짧은 대답만 내놓았다. 남자3호와 여자1호 커플의 경우, 남자3호는 등을 의자에 붙인 채 두 손을 무릎 위에 가지런히 모았으며, 여자1호 역시 엉덩이를 의자 뒤에 바짝 붙인 채 다리를 꼰 자세를 취했다. 마지막으로 남자2호와 여자2호 커플. 남자2호의 몸과 발은 모두 여자2호를 향해 있었지만 아쉽게도 여자2호는 다른 커플들의 대화에 눈을 자주 돌렸다.

커플 선택을 마치고 서로의 속마음을 털어놓은 결과, 몸을 상대에게 근접시킨 남자들은 모두 상대 여성을 마음을 두고 있었다고 대답했다. 상대방과의 거리는 친밀감을 나타낸다. 즉 상대방에게 가깝게 다가서면 친밀도가 높은 것이며, 멀어질수록 친밀도가 낮은 것이다. 예를 들어 어떤 여자가 자신의 핸드백을 남자에게 가까이 두었다면 친밀감을 느끼고 있는 것이다. 여성에게 핸드백은 신체의 일부와 같기 때문이다. 여기서 한발 더 나아가 핸드백 속의 물건을 꺼내달라고 남자에게 부탁한다면 매우 가까운 사이일 뿐만 아니라 남자를 무척 좋아하고 있는 것이다. 이와는 달리, 마주보고 있는 상황에서 여자의 발이 남자의 반대편을 향해 있다면 여자가 비호감을 느끼고 있는 것이다. 머리에서 먼 신체부위일수록 감정이 솔직하게 드러난다.

결국 남자3호와 여자3호가 커플이 되었다.

| 4장 |

# 편안하고 부드러운
# 사람들의 소통법

# 柔

어느 날 수입자동차를 판매하는 박 대리가 나를 찾아왔다. 고객을 만날 때 다른 영업사원보다 소심해 보인다는 선배들의 조언이 많았던 것이다.

그는 상담하는 동안 줄곧 진지한 표정과 부드러운 시선으로 나를 바라보았으며, 몸은 나를 향해 살짝 기울어 있었다. 말은 느리고 강약을 찾기 어려웠지만 차분했으며 손동작이 거의 없었다.

키가 작고 다소 평범한 외모를 지닌 그는 수수한 옷차림을 선호한다고 했지만, 스티치 있는 셔츠에 단정히 매어진 넥타이 매듭을 보자 나는 그가 세련된 멋을 추구한다는 것을 금세 알 수 있었다.

### 편안하고 부드러운 사람들의 특징

박 대리와의 상담 결과, 그는 전형적인 유柔 유형의 사람으로 드러났다. 말 그대로 편안하고 부드러운 분위기의 사람으로, 이 유형의 사람들은 대체로 침착하고 여유 있으며 시선과 말투가 안정적이고 주변 사람들에게 친절한 스타일로, 감정 표현이 자연스러워 상대방이 불편해하지 않는 게 특징이다.

일반적으로 신체동작은 적은 편이며, 눈치가 빠르고, 상대방과의 라포 형성에 있어서 스킨십을 과하게 사용하지 않는다. 또한 목소리가 크지 않고 말수가 적은 편이라 눈빛과 시선으로 자신의 의사를 가장 많이 표현한다. 걸음은 느린 편이지만 함께 걸을 때 상대방과 보조를 맞추는 센스가 있다.

이 유형의 사람들은 일반적으로 유행이나 트렌드에 관심이 많고 자신만의 스타일을 추구한다. 하지만 남에게 주목 받는 것을 꺼리므로 눈에 띄는 복장이나 화려한 액세서리로 과감한 표현을 하지는 않는다. 그저 자신만의 스타일을 옷차림 어느 한 곳에, 가령 스카프나 목도리 등으로 세심하게 표현할 뿐이다.

당연히 조직이나 모임에서 첫눈에 띄는 편은 아니다. 하지만 단정한 외모와 변함없는 모습, 친절한 이미지 때문에 시간이 흐르면서 주변에 사람이 모여들어, 어느 순간 인간관계에서 빛을 발하는 경우가 많다. 즉 볼수록 성실하고 괜찮은 사람이라는 평가를 받는다. 회사에서도 이 유형의 사람들은 일관성 있게 일을 수행하며, 참을성이 많고, 다른 사람을 잘 돕고 지원한다. 또한 조직에 충성심을 보이고, 남의 말을 귀담아 들으며, 안정되고 조화로운 업무 환경을 만든다. 일반적으로 업무 연차가 쌓일수록 인정을 받는다.

연애할 때는 어떨까? 드라마나 영화에서의 키스 장면을 예로 들자면, 상대방의 눈을 지긋이 바라보면서 천천히 다가가 입술이 닿기 전에 눈을 감는 클래식한 스타일이라 볼 수 있다. 키스 후에는 "괜찮아?"라고 묻거나 조심스럽게 상대방을 안아주는 로맨틱한 유형이다.

**함께 있으면 편하지만, 우유부단한 사람으로 인식될 수도**

나는 박 대리가 상담할 때 보인 비언어적 특징에 집중해 컨설팅을 시작했다. 가장 먼저 소심하게 비칠 수 있는 몸짓의 변화를 시도하고, 첫인상에 영향을 미치는 옷차림을 시정해보기로 했다. 박 대리가 일반 사무직원이나 기자였다면 현재의 이미지가 전혀 문제될 것이 없다. 하지만 영업을 하는 입장에서 소심한 비언어커뮤니케이션은 상대방으로부터 오해를 살 수 있다. 가령 우유부단하거나 열정이 없어 보일 수 있고, 꿍꿍이가 있는 것으로 비칠 수도 있다. 고객의 입장에서 그런 영업자가 맘에 들 리 없다.

고객은 구매하고자 하는 자동차 가격에 만족하면, 이후 차량을 출고해주고 지속적으로 서비스해줄 담당 세일즈맨을 찾는다. 그런데 30분도 채 안 되는 상담에서 받은 첫인상에 따라 그 세일즈맨에게 자동차를 구매할 것인지, 아니면 다른 매장으로 갈 것인지를 결정하므로 짧은 시간 내에 성실함과 적극성을 보여주는 것이 무엇보다 중요하다.

그래서 나는 박 대리의 경청하는 자세와 자신의 몸을 상대방에게 기울이는 태도, 그리고 차분한 말투와 부드러운 시선 등은 그대로 살렸다. 그런 다음 진지한 표정보다는 밝은 미소로 고객에게 다가가는 연습을 하도록 했으며, 손을 테이블 위에 올리고 좀 더 큰 손동작과 열정적으로 보이는 몸짓을 통해 자신감 있고 적극적인 이미지를 살렸다. 외모에 있어서는 부드러움과 세련됨을 동시에 표현하기 위해 스티치가 없는 깔끔한 드레스셔츠로 칼라에 힘을 주고 밝은 파스텔 톤의 무지 넥타이와 커프스링크 그리고 행커치프로 세련됨을 살렸다.

우리가 잘 알고 있는 인물 가운데 영화배우 현빈과 안성기, 그리고 서울대 융합과학기술대학원장 안철수가 이 유형에 속한다. 이 세 사람의 비언어커뮤니케이션을 분석해보았다. 부드러운 눈빛과 강인함을 지닌 배우 현빈과 자연스런 주름이 아름다운 안성기, 그리고 변함없이 수줍음을 많이 타는 안철수 교수를 통해 편안하고 부드러운 사람들의 소통법을 알아보자.

## 부드러운 눈빛으로 말하는 강인한 배우
# 현빈

> 연기자는 드라마나 영화 속 배역에 따라 이미지가 형성되곤 한다. 만약 긍정적인 이미지가 형성됐다면 대중이 그 이미지를 잊지 않도록 꾸준한 노출이 필수적이다. 현빈이 군 입대를 하였음에도 소속사에서 현빈과 관련한 이슈를 끊임없이 만들어내는 이유이기도 하다.

인기리에 방영된 sbs드라마 <시크릿가든>은 현빈의 부드러운 남자 이미지를 극대화시킨 계기가 됐다. 개성 있는 대사와 출중한 연기가 큰 몫을 했는데, 그가 연기를 통해 보여준 비언어커뮤니케이션은 시청자들 사이에서 크게 회자됐다. 연기는 의도적으로 연출된 움직임이지만 인간관계의 전형적인 비언어커뮤니케이션을 집약적으로 보여준다. 즉 말투, 옷차림, 서 있는 자세, 표정, 걸음걸이, 음성의 높낮이, 시선, 전화기를 쥐는 방식까지 모든 비언어커뮤니케이션이 그 사람의 감춰진 속내와 사회적 지위를 드러내고 다른 사람과 관계 맺는 방식을 표현해낸다. 현빈의 경우 남자로서는 드물게 갖고 있는 보조개마저 드라마 속에서 여성으로 성별이 바뀌는 역설적인 상황을 무리 없이 소화해낼 수 있는 타고난 장치가 된다.

## 호감을 주는 '삼각형' 시선

장안의 화제가 됐던 일명 '거품 키스'와 '윗몸 일으키기' 장면은 그의 비언어적 장점을 충분히 보여주었다. 카푸치노를 마시던 라임(하지원 분)의 입술에 크림 거품이 묻자 주원(현빈 분)은 라임의 턱을 당겨 자신의 입술로 닦아주었다. 또, 체육관에서 윗몸 일으키기를 할 때는 일어설 때마다 그의 다리를 잡고 있는 라임과 키스라도 할 듯 얼굴을 가까이 대고 사랑을 속삭였으며 그녀에게서 시선을 떼지 않았다. 이러한 장면 등에서 보여준 현빈의 탁월한 눈빛 연기는 시청자들의 몰입도를 높였다.

실제 상대의 호감도를 측정하는 가장 효과직인 방법은 그 사람의 시선을 파악하는 것이다. '시선 범위'에 관한 분석에 따르면 사람들은 상대방의 얼굴 중심, 즉 두 눈과 입으로 이어진 삼각형 부위를 보는 시간이 가장 많다. 물론 거리가 벌어짐에 따라 삼각형의 범위는 확대된다. 가까이 있을 때는 얼굴 삼각형을 보지만 조금 떨어지면 두 눈과 가슴, 더 멀어지면 두 눈과 허리, 두 눈과 하체로 시선 범위가 넓어진다.

삼각형 시선을 유지할 경우 서로 관심과 호감을 갖고 있을 가능성이 높다. 삼각형을 벗어나면, 가령 상대의 이마를 바라보면 분위기는 자못 긴장감이 넘치게 된다. 이 경우 상대방이 압박감을 느끼면서 대화가 중단될 수도 있다. 그러므로 말이 너무 많은 상대방의 입을 닫게 할 생각이 아니라면 이러한 시선은 피해야 한다. 드라마 속 현빈의 시선은 삼각형 안에서 움직이면서 위압적이고 부담감을 주는 방향을 피하고 있다.

## '단순접촉효과'를 활용하라

문제는 드라마가 끝난 다음이다. 부드러우면서 사랑에 대한 강한 의지를 지닌 남성의 모습을 유지할 것인가, 변신할 것인가이다. 긍정의 이미지를 꿰찬 경우, 공인으로서 자신의 인지도를 계속 유지하는 방법의 문제이기도 하다. 대개는 '단순접촉효과 mere exposure effect'를 통해 형성된 이미지를 꾸준히 노출시켜 인기를 지속시키는 방법을 선택한다.

단순접촉효과란 접촉하는 횟수가 많을수록 호감을 갖게 될 확률이 높아지는 것을 말한다. 예를 들면 소개팅에서 만난 여성에게 처음에는 매력을 느끼지 못하다가 자주 만나게 되면서 서서히 호감을 갖게 되는 것을 말한다. 자주 보게 되면 그 사람의 행동패턴을 예측할 수 있을 만큼 익숙해지고 마음이 편해진다. 마음이 편하고 익숙해지면 처음에는 몰랐던 상대방의 좋은 면을 보게 되기도 하고, 단점이 장점으로 비치기도 한다. 그 결과 친밀감과 호감으로 발전할 여지가 커진다.

훈련받는 모습이 계속 노출되는 것은 긍정적 이미지를 유지할 수 있는 방편이 된다.

파리의 명물 에펠탑도 처음에는 보기 흉한 철 구조물이라며 프랑스 국민의 반대 여론에 시달렸지만 결국 파리의 대표적 상징물이 됐다. 마찬가지로 탤런트나 영화배우도 TV나 영화를 통해 대중에게 꾸준히 노출되면 잘 생겼든 못 생겼든 시청자 입장에서는 친숙함을 느끼게 된다. 현빈이 해병대에 입대해서 훈련받는 모습이 계속 노출되는 것도 '강한 의지력을 지닌 남자'라는 긍정적 이미지를 유지할 수 있는 방편이 된다. 개인의 브랜드 유지 차원에서 보면 부드러운 남자 이미지에 해병대 입대와 사회 기부 등을 통한 이미지의 확장을 기대하고 시장성을 확대하려는 의도에 시너지를 주는 셈이다.

물론 반대의 경우도 있다. 첫 만남에서 불쾌함을 느꼈다면 자주 본다고 해서 반드시 긍정적 친밀감이 생긴다는 보장이 없다. 만날수록 갈등을 부추기고 관계가 악화된다면 오히려 잠시 서로를 피해 만남의 기회를 줄이는 것이 옳다. 불미스러운 사건에 연루된 연예인들이 이른바 '잠정 은퇴'를 선언하는 이유도 불필요한 대중적 접촉을 지속했다가 끊임없는 연상 작용을 통해 자칫 부정적인 이미지가 확대되는 것을 막기 위해서다.

:: **현빈의 비언어커뮤니케이션 유형에 관한 설문조사결과**

응답자들은 현빈의 비언어커뮤니케이션 유형에 대해 부드러움을 제1순위로 평가했다. 영화와 드라마에 출연하는 배우이다 보니 해당 역할에 따라 이미지가 달라질 수 있고, 따라서 전체적인 점수는 평균 이상으로 높게 나오는데 부드러움 이외의 특정한 이미지가 강하지는 않았다.

| 유형 | 평균 | paired t-test |
|---|---|---|
| 부드러움 | 5.4250 | .000 |
| 열정적임 | 5.1300 | |
| 섹시함 | 5.0950 | |
| 지적임 | 5.0400 | |
| 우아함 | 4.9600 | |
| 치밀함 | 4.9200 | |
| 유쾌함 | 4.5300 | |
| 귀여움 | 4.2250 | |

| 유형 | 남(N = 100) | 녀(N = 100) | 유의차 |
|---|---|---|---|
| 부드러움 | 5.2700 | 5.5800 | .033 |
| 열정적임 | 5.0800 | 5.1800 | Ns |
| 섹시함 | 4.8700 | 5.3200 | .007 |
| 지적임 | 4.8500 | 5.2300 | .019 |
| 우아함 | 4.7400 | 5.1800 | .007 |
| 치밀함 | 4.8400 | 5.000 | Ns |
| 유쾌함 | 4.5600 | 4.5000 | Ns |
| 귀여움 | 4.0600 | 4.3900 | Ns |

## 잘 짜인 '주름'의 푸근함
# 안성기

> 안성기는 그의 부드러운 이미지에 걸맞게 무려 26년 동안 커피 광고모델로 출연했다. 시간이 흐르면서 변한 것은 그의 주름뿐이었다. 그는 "주름에서 연기의 깊이를 느낄 수 있으며 주름 안에도 감정이 분포돼 있어 연기력을 발휘할 힘이 된다"라고 말한다. 결국 관객과 소통하는 배우라면 주름을 펴선 안 된다는 것이 그의 지론이다.

사람마다 차이가 있기는 하지만, 얼굴에는 대략 80여 개의 근육이 자리 잡고 있다. 대체로 서양인의 표정이 동양인에 비해 다양한데, 그것은 얼굴 근육을 충분히 활용하고 있기 때문이다. 얼굴 근육을 많이 움직인 결과물이 바로 주름이다. 즉 주름이 깊게 패인 얼굴은 근육을 많이 썼다는 뜻이다. 이는 뒤집어 말하면 얼굴의 특정 근육을 잘 활용해 원하는 표정을 연출할 수 있다는 의미이기도 하다.

미소 짓는 얼굴을 의도적으로 만드는 데에는 2개의 얼굴 근육으로 충분하다고 한다. 프랑스의 신경학자 기욤 뒤센Guillaume Duchenne은 전기 실험을 통해 미소와 관련된 근육을 발견했다. 이른바 '뒤센 미소'다. 뒤센 미소는 눈과 입 주위에 있는 두 근육의 작용으로 나타난다. 입 가장자리에서 광대뼈까지 쭉 뻗은 대관골근(큰광대근)과 눈 주위를 둘러싼 안륜근(눈둘레근)이 바로 그것이다. 두 근육을 함께 움직이면 입 주변이 올라가고 눈 주위에 주름이 생기면서 친숙하고 따뜻한 미소가 만들어진다.

이와는 반대로 예의상 짓는 미소는 소근(입꼬리당김근)만을 움직이므로 입가만 웃고 있을 뿐 얼굴의 여타 부위는 다른 표정을 짓고 있어 어색한 느낌을 준다.

## 안성기 표 '뒤센 미소'의 매력

얼굴 근육의 활동성은 인간의 감정선과 밀접하게 연계돼 있다. 결과적으로 밝은 감정에 충만한 사람은 자주 웃음으로써 얼굴에 주름을 새기게 될 것이고 어두운 감정에 휩싸인 사람은 미간에 깊이 패인 주름을 갖게 될 가능성이 높다. '40세 나이에 이르면 자신의 얼굴에 책임져야 한다'는 말은 의도적인 표정 연출의 기능성과 정서적 수양의 필요성을 모두 담고 있는 표현임에 틀림없다.

영국 BBC라디오 방송 당시 큰 호평을 받아 출간된 클라우디아 해먼드의 저서 《감정의 롤러코스터 emotional roller coaster》를 보면 미소와 감정의 관계가 나온다. 대학 졸업앨범 사진을 분석한 결과 해먼드는 눈 주위의 근육을 움직여 행복한 미소를 지은 여성이 30년 뒤 그렇지 않은 여성보다 행복한 결혼생활을 한다는 결론을 냈다. 이들이 모두 뛰어난 외모를 가진 것도 아니었다.

근육의 민감한 움직임이 거꾸로 뇌에 영향을 미칠 수 있다는 주장도 있는데, 이를 '얼굴 되먹임 가설 facial feedback hypothesis'이라 부른다. 이는 표정이 감정의 결과물인 동시에 원인이 될 수도 있다는 것으로, 우리가 흔히 알고 있는 '행복해서 웃는 게 아니라 웃어서 행복하다는 말'과 일맥상통한다.

안성기의 주름은 그런 점에서 성공적이다. 얼굴 깊이 패인 주름을 자신만의 매력으로 만들었기 때문이다. 얼굴 주름을 큰 반원 모양으로 휘게 하면 넉넉한 웃음의 표정을 극대화하는 효과를 낳고, 반대로 얼굴 주름을 토막 내듯 뭉쳐놓으면 깊은 고뇌와 불만의 표정을 함축한다.

따라서 눈웃음을 지을 때 눈 가장자리에 생기는, 이른바 '까마귀발'이라 부르는 방사형 주름을 노화의 추한 상징이라고만 치부할 일이 아니다. 깊고 굵은 주름의 영향으로 자신의 감정 표현 수위를 최대치로 끌어올릴 수 있는 것이다.

배우에게 주름이 무조건 보기 싫고 추한 것이 아니라는 점을 안성기는 진즉 파악했다. 안성기의 '뒤센 미소'는 관객들에게 편안한 만족감을 선사함과 동시에 자신의 행복감까지 고취시켰을 것이다. 그런 미소의 주인공이 오랫동안 유니세프 활동을 지속하고 각종 기금 모금 활동이나 공익 광고에 자주 출연하는 모습은 오로지 연륜만으로는 설명할 수 없다.

## 안성기의 소통 스타일

첫인상은 좋지만 갈수록 싫증나는 사람이 있고 첫인상과 상관없이 보면 볼수록 정이 가는 사람이 있다. 부드러운 미소에 커피향이 연상되는 배우 안성기는 후자로서의 매력이 강한 사람이다.

예나 지금이나 변함이 없는 그는 평상시 수수한 차림이다. 셔츠와 블레이저에 청바지 혹은 면바지로 연출한 캐주얼 차림을 즐긴다. 사적인 자리에 등장할 때는 보통 동년배 친구들이 즐겨 입을 만한 푸른색 셔츠를 입고 은은한 컬러의 머플러나 넥타이를 활용해 포인트를 주기도 하지만, 그 외엔 특별한 액세서리를 착용하지 않는다. 공식석상에서도 영화배우로서 특별한 패션 스타일을 보이지 않는다. 복장 에티켓에 준한 검정색 혹은 남색 정장에 흰 셔츠를 단정하게 입고 튀지 않는 컬러의 넥타이나 보타이, 행커치프로 포인트를 주는 게 전부다.

배우 안성기는 변함없는 얼굴 표정만큼이나 스타일에도 변화를 주지 않는 것이 특징이다. 영화배우라고 해서 화려하거나 거리감이 느껴지기보다는 오히려 이웃집 아저씨처럼 편안하게 느껴진다. 너나 할 것 없이 예쁘게, 혹은 멋있게 보이려고 성형을 하는 마당에 안성기는 꽃주름 미소와 함께 나이에 걸맞는 비언어를 활용함으로써 대중에게 훨씬 더 친숙하게 다가간다. 그래서 환갑을 넘은 나이에도 그는 여전히 멋지고 아름답다.

## 색이 없음을 자신의 색으로 만들다
# 안철수

> 안철수 교수는 물리적 장벽 뒤로 숨는 동작으로 안정감을 찾을 만큼 대중 앞에 나서는 것을 꺼려했다. 그랬던 그가 책상을 치우고 조금씩 밖으로 나오면서 대중과 소통하기 시작했다.

안철수는 소통의 중요성을 크게 강조한다. "전문가는 다른 분야의 전문가에게 자신의 지식을 제대로 전달할 수 있어야 한다. 아무리 실력이 좋아도, 자신만 알고 다른 사람을 이해시키지 못하면 외부에서 바라보는 그 사람의 실력은 빵점이다."

그런데 최근까지 안철수 교수는 이런 그의 생각과는 반대의 모습을 보였다. 비언어커뮤니케이션과 관련해 눈에 띄는 특징을 보이지 않았던 것이다. 말투는 부드럽지만 시종일관 강약을 찾기 힘들고, 표정 역시 내내 진지하며 변함이 없다. 가끔 손짓을 사용하기도 하는데, 대부분 허리 근처에서 움직이고 가슴 윗부분까지 과감하게 올리는 경우는 드물다.

이는 그가 다소 불안해하고 있다는 뜻이다. 콘서트처럼 공개된 자리에서는 의자에 앉아 다리를 꼬고 그 상태로 가끔 다리를 떨기도 하는데, 이 역시 불안감과 불편을 나타낸다.

인간은 뇌에서 가장 먼 신체부위일수록 둔감하다. 즉 손이나 팔에 비해 발과 다리의 움직임을 스스로 알아채지 못하는 경우가 많으며, 그 결과 감정을 솔직하게 드러내기도 한다. 따라서 상대의 속마음을 보려면 발과 다리를 보면 된다. 국내에서 흥행했던 한 영화에서도 부모를 살해한 패륜아가 경찰 조사 도중 눈물을 흘리면서도 한편으론 다리를 떨다가 경찰에게 들켜 의심받는 장면이 나오는데 충분한 이론적 근거가 있는 내용이다. 해외에서는 토크쇼 <레잇쇼 위드 데이비드 레터맨>에 출연한 패리스 힐튼이 진행자로부터 무면허 음주음전 혐의로 복역한 것과 관련해 난감한 질문을 받자 태연한 척 애쓰면서도 다리는 계속 떨고 있는 모습이 포착돼 이슈가 되기도 했다.

## 책상 너머로 나오다

지금은 그렇지 않지만, 초창기 시절 안철수 교수는 '북콘서트'나 '청춘콘서트'에 나와 청중과의 사이에 커다란 책상을 두고 대화를 했다.

이는 대중 앞에 노출돼 불안한 그가 안정감을 찾기 위해 장벽을 둔 것이다. 이렇게 상대방과의 사이에 장애물을 두는 행위는 거리감을 두려

테이블이나 노트북 등을 앞에 두는 것은 스스로를 보호하고 물리적·심리적으로 안정감을 찾으려는 것이다.

는 것이다. 책상이나 테이블을 앞에 놓거나, 혹은 자신의 팔을 감싸 쥐는 것으로 스스로를 보호하고 물리적·심리적으로 안정감을 찾는 것이다.

노트북 컴퓨터를 펼쳐 놓은 것 역시 비슷한 효과를 낳는다. 교사가 교탁에서 몸을 떨어뜨려놓지 못하는 것도 노출된 불안감을 해소하려는 심리 상태에서 비롯된 것이다. 팔장끼기도 일종의 장벽신호인데, 어딘가에 걸터앉아 팔짱을 끼고 있으면 자신도 모르게 상대방이 접근하는 것을 막으려는 것이다. 이때 다리까지 꼬고 있으면 상대방과의 거리를 더욱 넓히려는 심리다. 안철수 교수는 그렇게 나만의 장벽 안에서 안정감을 취한 뒤에야 비로소 자신 있는 말투로 대화를 하기 시작했고, 팔도 가슴 위로 적극적으로 뻗기 시작했다.

안철수 교수는 쉽게 바뀌지 않는 인상의 사람이다. 2대8의 가르마를 수십 년째 이어오고 있고, 말을 할 때도 표정 변화 없이 입술만 가볍게 움직여 아래 치아만 드러낸다. 편안하게 힘을 뺀 듯한 셔츠에 넥타이를 잘 매지 않는 그는 전형적인 '동네 아저씨'의 느낌이다.

결과적으로 그는 외모, 표정, 목소리, 몸짓 등의 비언어가 대체로 소극적이며, 피나는 노력과 성과, 진취적인 사고방식이 아니었다면 너무도 평범해 소통에 어려움을 겪을 수도 있는 스타일이다.

## 한결같음이 주는 편안함

하지만 최근 그는 고집스러움을 버리고 대중에게 다가가기 위해 책상 너머로 나오기 시작했다. 자신의 단점일 수도 있는 장벽 뒤에서 안정감을 찾는 방식을 버리고, 지금은 안철수식 소통으로 자리매김하고 있다.

실제로 그는 테이블이나 노트북 등의 장애물을 앞에 두지 않고도 관객과 충분히 자연스럽게 소통한다. 때론 편안하게 다리를 꼬기도 하는데, 이때 주의해서 볼 사항이 있다. 다리를 꼰 방향에 따라서도 그 사람의 심리를 알 수 있는 것이다. 가령 위로 올라온 다리가 상대방을 향하고 있다면 마음을 열고 적극적으로 소통하고 싶은 것이다. 이와는 달리, 위로 올라온 다리가 상대방의 반대편을 향하고 있다면 자리가 불편한 것이며 상대방과 거리를 두고 싶은 것이다. 즉 위로 올라온 다리는 장벽으로 작용한다. 사진에서 보는 안철수 교수의 다리는 관객을 향해 뻗어 있음을 알 수 있다. 표정과 손짓도 이전에 비해 훨씬 자연

스러워졌으며, 경직된 모습보다는 편안함을 엿볼 수 있다.

그뿐인가. 보이지 않는 곳에서 선행을 실천하기도 하고, 대중과 소통하려는 콘서트에 적극적으로 참여해 현 사회에 지식 나눔 문화를 만들고 있으며, 주가 급등으로 인해 얻은 수익은 기꺼이 사회에 환원함으로써 이 땅에 선진국 기부문화를 형성하고 있다.

부끄러움을 감추며 대중을 향해 뛰쳐나온 그는 한마디로 '무색무취$^{無色}$ $^{無臭}$'의 남자다. 그는 색이 없음을 자기 색으로 만든, 전형적인 '유$^{柔}$' 유형의 사람이다. 그의 소통방식은 스스로 마음이 동$^{動}$하고 상대방 역시 원한다면 조금씩 움직이며 일을 해결하는 것이다. 비록 스스로는 나서길 원치 않았다고 해도, 언제부터인가 그는 소리 소문 없이 한 발 한 발 우리 곁에 다가오고 있다.

### :: 설문조사결과

안철수의 이미지 혹은 소통방법과 관련한 설문조사결과, 응답자들은 그의 비언어커뮤니케이션 유형에 대해 부드러움과 지적인 이미지를 제1순위로 평가했다. '치밀함'과 '지적임'에 대한 평균의 유의차는 없으나 부드러움이 가장 높은 점수를 보였다.

| 유형 | 평균 | paired t-test |
|---|---|---|
| 부드러움 | 5.8100 | |
| 지적임 | 5.7850 | |
| 치밀함 | 5.5200 | .001 |
| 열정적임 | 5.4750 | |
| 유쾌함 | 4.7250 | |
| 우아함 | 4.5100 | |
| 귀여움 | 4.0700 | |
| 섹시함 | 3.1050 | |

| 유형 | 남(N = 100) | 녀(N = 100) | 유의차 |
|---|---|---|---|
| 부드러움 | 5.7700 | 5.8500 | |
| 지적임 | 5.8300 | 5.7400 | |
| 치밀함 | 5.4000 | 5.6400 | |
| 열정적임 | 5.4000 | 5.5500 | ns |
| 유쾌함 | 4.7100 | 4.7400 | |
| 우아함 | 4.3800 | 4.6400 | |
| 귀여움 | 4.0800 | 4.0600 | |
| 섹시함 | 3.1400 | 3.0700 | |

**생각해보기 4**

## 케네디 vs. 닉슨 전쟁

1960년 9월 26일, 미국에서 두 사람의 운명을 바꿔놓은 획기적인 사건이 벌어졌다. 37대 대통령 선거를 앞두고, 공화당 후보인 부통령 닉슨<sup>Richard Milhous Nixon</sup>과 민주당 후보인 상원의원 케네디<sup>John Fitzgerald Kennedy</sup> 간의 TV토론회가 열린 것이다. 미국 대통령 선거 사상 최초로 시도되는 방식이었다.

연설이라면 늘 자신 있었던 부동의 1위 닉슨에게나, 새롭게 부상하고 있던 말끔한 외모의 케네디에게나 나쁘지 않은 기회였다. 특히 그동안 라디오토론회를 통해 입지를 다져온 닉슨에게는 1위를 굳힐 수 있는 좋은 기회였다.

9월 26일부터 10월까지 총 4회에 걸쳐 진행된 토론회는 CBS, NBC, ABC 방송국에서 주관했으며, 미 전역에 생중계되면서 7,000만 국민이 지켜보았다. 이렇듯 대대적인 관심 속에 두 사람은 TV토론회가 어떤 결과를 가져올지 알지 못했다.

결과는 케네디의 승이었다. TV토론회 이후 둘 사이는 천양지차로 갈렸다. 정치신인에 가까웠던 케네디는 급부상한 반면, 닉슨은 추락했다. 그날의 TV토론회는 선거의 당락을 결정짓는 중요한 변수로 작용했다. 시청자의 57% 이상이 토론을 지켜본 뒤 후보를 결정했다. 닉슨을 지지했던 유권자 상당수가 TV토론회 이후 지지후보를 바꿨다.

케네디는 TV토론에서 어떻게 닉슨을 이겼을까? 라디오를 통해 후보들의 목소리만을 듣던 국민들은 햇볕에 그을린 듯한 건강한 피부와 자신감 넘치는 태도를 보고는 그에게 열광했다. 반면, 닉슨은 땀을 흘리고 말을 더듬는 등 허약한 이미지를 보여줬다. 닉슨이 덧칠한 화장품 때문에 계속 땀을 흘리고 눈동자를 이리저리 움직이는 등 불안한 기색을 보인데 반해, 케네디는 느긋한 표정으로 만면에 웃음을 띠고 있었다. 게다가 닉슨은 토론 내내 주로 케네디만을 응시함으로써 시청자들과 거리감을 두었으나 케네디는 카메라, 즉 국민을 정면으로 바라보고 이야기했다.

게다가 두 후보는 비록 네 살밖에 차이가 나지 않음에도 불구하고 비전에 있어서는 한 세대만큼이나 차이가 나보였다. 케네디는 모든 인간의 평등한 권리와 부강한 국가라는 대담한 비전을 제시한 반면, 닉슨은 케네디와의 합의 등 회유적 접근 방식을 취한 것이다.

케네디의 압승으로 끝난 이 사건을 두고 전 NBC 기자 샌더 베노커는 이렇게 말했다.

"닉슨과 케네디의 TV토론 후 텔레비전은 정치영역으로 들어갔다. 텔레비전은 그 자체가 지배력(Dominating force)이었다. 케네디와 닉슨 토론 전만 해도 오락매체인 TV에서는 정치가 별로 주목받지 못했다. 하지만 그 이후로는 선거운동 기간에 가장 뜨거운 대결의 장이 되었다."

| 5장 |

# 우아하고 매혹적인 사람들의 소통법

#  柔+密

국내 최고의 의과대학을 졸업하고 현재 개인병원을 운영하고 있는 백 원장은 조금 긴 듯한 단발머리에 말수가 적고 느린 편이다. 화장은 거의 하지 않은 것처럼 자연스럽게 연출하고 부드러운 소재의 스카프나 옷을 즐겨 입는데, 소녀처럼 언제나 단정하다. 그녀는 어느 자리에서도 눈에 띄는 행동을 하지 않는데, 낮은 음색에 강하지는 않지만 힘이 느껴지는 목소리가 매력적이어서 대화를 시작하면 주변 사람들의 주목을 받곤 한다.

그녀의 트레이드마크는 눈가와 입가에 머금은 미소, 그리고 손짓이다. 무언가를 묘사하거나 설명할 때는 습관처럼 팔을 들어 손가락을 동그랗게 말아 올리는데, 마치 살랑살랑 부는 봄바람처럼 움직인다. 중요한 핵심을 강조하고자 할 때는 딱딱 각이 떨어지는 듯한 파워풀함은 찾아보기 어렵지만, 부드러움과 치밀함이 어우러져 차가움이 아닌 시원함을 느끼게 했다.

## 우아하고 매혹적인 사람들의 특징

백 원장은 우아한優雅 유형의 사람이다. 우아한 유형은 부드러움과 치밀함을 동시에 갖고 있다. 따라서 부드럽고 편안한 유형과는 다르며, 치밀하고 분석적인 유형과도 다르다. 이들은 대체로 고상하고 기품이 있으며, 몸가짐이 단정하고 행동은 다소곳하며 외적인 표현에 소극적이다. 그래서인지 적극성이 없어 보이고, 힘들거나 어려운 일은 못할 것 같다는 오해를 사기도 한다.

평상시 말수는 없는 편이고, 목소리 톤은 낮고 느리며 어조가 단조롭지만 힘을 느낄 수 있다. 일과 관련해서는 감정표현의 절제가 강하고 공간에서는 상대방과 적당한 거리를 유지하는 경향이 있지만 일반적으로는 친절하고 상냥하다.

이 유형만의 가장 큰 특징이라면 변함없는 미소를 들 수 있다. 대체로 표정 변화가 거의 없다. 또한 아무리 급하더라도 반 박자 느리다. 아주 다급한 상황에서도 그 몸짓이 급하지 않고 심지어 여유로워 보인다. 조선시대 양반의 자태를 그려보면 될 것이다.

헤어스타일은 변화를 거의 주지 않는데, 치밀하고 분석적인 이미지 유형과 다른 면이 있다면, 이들은 짧거나 보수적인 헤어스타일보다는 웨이브가 있거나 약간 길이감이 있는 부드러운 이미지의 헤어스타일을 선호한다는 것이다. 아울러 한번 헤어스타일이 정해지면 그 스타일을 유지하면서 변화를 시도하지 않는 것이 특징이라 하겠다.

복장은 화려하지 않은 단순하고 절제된 것을 선호하며, 완벽히 갖추어진 전통적인 정장스타일보다는 파스텔 컬러 계열의 부드러운 소재나 각이 덜 진 정장을 선호한다. 주로 예술가나 작가들이 이 유형에 속한다.

## 신비로운 매력이 있지만, 떠받들어줘야 하는 사람처럼 보일 수도

백 원장은 대중 강연을 앞두고 이미지 변신의 필요성을 느껴 나를 찾아왔다. 의사들 앞에서 강연할 때는 문제가 없었는데, 일반대중 앞에서 하려다 보니 여러 가지로 걱정이 되었던 것이다. 전문 강연과 달리 대중 강연은 청중의 시선을 잡아 지루하지 않게 내용을 전달해야 하기 때문에 격식을 차리거나 딱딱한 어투로 말하면 실패하기 십상이다.

따라서 그녀가 가장 먼저 해야 할 일은 우아함을 다소 포기하는 것이었다. 대중은 우아한 공주에게 가르침을 받고 싶은 마음으로 그 자리에 앉아 있는 것이 아니기 때문이다. 결국 그녀는 카리스마를 갖춘 강연자의 이미지로 변신을 시도했다. 기존의 스타일에서 극단적으로 변화하면 전문가로서의 이미지까지 사라질 수 있기 때문에, 전문가로서의 이미지를 최대한 살리면서 대중과 자연스럽게 소통할 수 있는 접점을 카리스마로 선택한 것이다. 아울러 강연 콘텐츠 구성도 스토리텔링으로 수정했다.

당연히 외모에도 변신을 시도했다. 우선 카리스마 있는 강연자로서 시선을 끌기 위해 평상시 즐겨 입던 부드러운 질감의 밝은 색 블라우스나 니트보다는, 밝지만 심플한 탑에 다소 어두운 재킷정장을 입고 심플한 브로치와 스카프로 마무리했다.

의사이기 때문에 화장을 진하게 할 필요는 없지만, 대중 앞에 서는 자리이므로 기본화장에 붉은 빛 볼터치와 립스틱을 활용해 생기를 주었다. 헤어스타일은 유지했으나 강연 중 머리를 쓸어 올리는 잦은 동작을 줄이기 위해 헤어제품으로 고정시켰으며 마지막으로 가죽 줄로 된 정장시계를 착용했다.

강의 중에는 목소리 톤에 고저와 강약을 주어 지루함을 줄였고, 주제나 흐름의 변화가 있을 때는 오른쪽이나 왼쪽으로 이동하면서 청중의 주목을 끌 수 있도록 했으며, 손의 움직임은 높이에 변화를 주었다. 가슴 밑에서 움직이던 손을 조금 올려서 가슴과 머리 사이에서 움직이면 포인트를 줄 때 훨씬 자신감과 생기가 있어 강연내용의 설득력을 높일 수 있다.

마지막으로 그녀의 장점인 미소 띤 표정을 청중에게 많이 보여줄 수 있도록 시선처리를 연습했다. 강연자는 청중 한 사람, 한 사람을 바라보며 내용에 집중하도록 만들어야 하는데, 이것이 생각보다 쉽지 않다. 그래서 우선 세 그룹으로 나누었다. 각각의 그룹별로 시선을 골고루 나누어 주는 방식이다. 이렇게 하면 청중은 자신을 바라보며 이야기한다고 느끼기 때문에 강연내용에 좀 더 귀 기울이게 된다. 미소 띤 얼굴은 자신감의 상징이므로 카리스마를 살리는 데도 도움이 된다.

백 원장은 세 번의 연습으로 그녀의 매력을 십분 발휘해 전문적인 내용의 강연을 무사히 마칠 수 있었다.

유명인사 중에서는 피겨 여왕 김연아와 김황식 국무총리, 박근혜 전 한나라당 대표가 이 유형에 속한다. 세 사람의 비언어커뮤니케이션을 분석해보았다. 프라이밍 효과를 잘 활용하는 김연아 선수와 진퇴를 아는 준비된 정치인 박근혜 위원장, 그리고 초두효과와 건강한 이미지로 국민들에게 정감 있게 다가서고 있는 김황식 총리를 통해 우아하고 매혹적인 사람들이 소통하는 방법에 대해 알아보자.

## 매혹적인 '손짓' 프레젠테이션의 비밀
# 김연아

> 특정의 이미지를 강하게 구축해놓으면 그 사람은 이후에도 그 이미지의 영향을 크게 받는다. 김연아는 이러한 '프레이밍 효과'를 잘 활용할 줄 안다. '세계 최고의 피겨 여왕'이라는 타이틀은 동계올림픽 프레젠테이션, 교생실습 강연 등의 활동을 할 때도 대중에게 신뢰를 안겨주었다.

지난 2011년 7월 6일, 평창 동계올림픽 유치를 위해 진행된 프레젠테이션[PT] 현장에서 결정권을 쥔 IOC 위원들은 특히 김연아 선수의 발표에 열광적으로 반응했다. 크렉 리디[Craig Reedie] 영국 IOC 위원은 "김연아의 프레젠테이션은 유창하고 원더풀했다"고 극찬했다. 초보 프레젠터였던 그녀는 검은 정장을 입고 나와 은반 위에서 보여줬던 발랄한 매력을 유려한 몸짓과 손동작으로 표현했다.

중요한 내용을 언급할 때는 "이 일은 나와 관계된 것", "이 일은 내가 책임질 일"이라는 의미로 손을 가슴에 댔다. 일반적으로 손짓은 상대의 속마음을 읽는 데 아주 중요한 역할을 한다. 어떤 내용을 설명하고자 할 때 손짓을 함께 쓰면 듣는 사람이 그 내용을 훨씬 잘 기억한다고 한다. 상황에 따라 사용할 수 있는 손짓을 익혀두면 무척 호소력 있는 화자<sup>話者</sup>가 될 수 있을 것이다.

만약 상대와 라포<sup>rapport</sup>를 형성하고 싶다면 항상 손을 펼쳐 상대를 향해 손바닥을 내보여야 한다. 손바닥을

보이는 것은 솔직함을 나타내기 때문이다. 손이 위로 향하는 동작은 무엇인가를 바란다는 의미인데, 김연아의 경우 청중에게 찬동을 요하는 경우가 많다. 아울러 인간은 흥분했을 때 중력에 맞서 팔을 머리 위로 높이 드는 경향이 있다. 총을 겨누며 위협할 때 상대의 반응을 그려보면 알 수 있을 것이다. 대체로 활기와 자신감이 넘치고 행복하거나 확신에 찬 사람일수록 팔을 적극적으로 움직인다.

## 은반 위 이미지를 끌어오다

가만히 들여다보면 프레젠테이션에서 선보인 그녀의 손짓은 낯설지 않다. 대개의 선수들이 그렇듯, 경기를 마치고 팬들에게 화답할 때 그녀는 항상 손바닥을 보여주며 손을 위로 곧게 뻗어 인사한다. 열린 인사로

멀리 있어도 가까이 있는 듯한 친밀감을 느끼게 하는 것이다.

단상에 선 그녀가 선보인 검은 의상, 그리고 절제된 듯 적절히 구사하는 몸짓 역시 눈에 익숙하다. 바로 은반 위에서 그녀가 실제로 연출했던 이미지와 정확히 일치한다. 은반 위 이미지를 그대로 끌어다가 프레젠테이션에 대입시키려는 의도인데, 이는 그녀의 발언에서 보다 직접적으로 드러난다.

"제가 바로 동계 스포츠 수준을 향상시키려는 한국 정부의 노력이 낳은 살아있는 유산의 예입니다."

이 발언은 김연아 선수가 금메달을 차지한 2010년 벤쿠버 올림픽 경기 당시의 모습과 겹쳐지면서 청중에게 감격을 불러일으키기에 충분했다.

## 프라이밍 효과 priming effect 의 응용

어떤 정보를 접했을 때 앞서 경험한 정보로부터 특정 개념을 떠올리게 되면서 비슷한 정서를 느끼게 되는 일종의 점화 현상을 '프라이밍 효과 Priming Effect'라고 한다. 특정 정보와 연관된 기억을 활성화하는 과정인 셈이다. 이는 보통 말을 통해 이루어진다. 김연아 선수가 벤쿠버 올림픽 당시 자신의 영광스러운 장면을 연상하도록 직접적인 발언을 꺼냈던 것처럼 말이다.

물론 언어 외에 환경이나 상황을 통해서도 영향력은 충분히 발휘된다. 김연아 선수의 훌륭한 피겨 연기에 감동받은 대중은 그녀의 눈짓과 몸짓을 긍정적인 정보로 입력해두고 있다. 결국 그녀가 프레젠테이션에서 보인 검은 복장과 크고 작은 몸짓은 청중이 그녀의 경기를 관람하며 느꼈던 감동과 황홀감을 연상하도록 작용하는 것이다. 미세한 정보를 노출시킬 뿐이지만, 이것이 상대의 마음속에 파고들어 큰 영향을 미친다는 점을 프라이밍 효과는 잘 설명해준다.

그녀의 프레젠테이션 모습을 다시 떠올려보라. 헤어스타일, 메이크업, 액세서리, 의상 등 머리부터 발끝까지 프라이밍 효과를 위해 철저히 계산되었고, 실제로 이는 청중의 긍정적인 평가를 이끌어냈다.

물론 프라이밍 효과를 제대로 구현하려면 특정 정보에 연동된 정서가 미리 긍정적으로 입력돼있어야 가능하다.

"로잔에서 그랬던 것처럼 조금 떨립니다."

김연아는 프레젠테이션에서 한쪽 눈을 살짝 찡그렸다. 윙크는 기본적으로 상대에게 무언가를 암시하거나 혹은 추파로 이해된다. 그래서 친밀감과 은밀함이 느껴지고 비밀스럽다. 다른 사람과 비밀을 공유하고 유대감을 나누는 방식이기도 하다. 프레젠테이션을 할 때 그녀는 피겨할 때 보여줬던 애교 섞인 눈짓 연기를 그대로 재연해 설득 대상인 IOC 위원들에게 친밀감과 유대감을 불러일으켰다.

또한 그녀의 팔 동작은 피겨 공연에서 보여주는 그녀만의 놀라운 표현력에 힘입은 바 크다. 대개의 선수들은 팔을 뻗으면 다섯 손가락을 활짝 펴거나 오므리는 정도로 손가락에 크게 중점을 두지 않는데, 그녀는 검지에 힘을 준 채 살짝 들어 올려 손 전체로 타원을 그려내면서 곡선의 아름다움을 만들어낸다. 유명 피겨 칼럼니스트 제시 헬름스는 "순수한 음악적 본능에 따라 이뤄지는 그녀의 팔 동작과 스핀은 빙상 위에 브로드웨이 뮤지컬을 재연한 것과 마찬가지"라며 극찬하기도 했다.

## 김연아의 소통 스타일

퍼스널 컬러가 쿨톤인 그녀는 경기 의상으로 보통 푸른색이나 자주색, 검은색을 입어 얼굴을 더 화사하고 돋보이게 만든다. '목선'이 예쁜 그녀가 입은 홀터넥 스타일의 본드걸 의상은 섹시했고 카리스마 있는 임팩트impact를 주기에 적합했다.

한편 평창 PT를 했을 때 입었던 블랙 케이프 재킷과 원피스는 예쁜 외모를 부각하면서도 공식적인 자리에 어울리도록 우아함과 품위를 실어주었다. 검은색은 그녀의 희고 긴 팔과 긴 다리를 잘 표현해주었고, 가방과 구두 또한 같은 색상으로 통일감을 주어 단아함을 표현했다. 액세서리의 활용은 자그마한 귀걸이와 묵주 정도로 자제했으며, 화장은 아이라인으로 눈매를 또렷하게 해줌과 동시에 깨끗한 피부를 강조한 우아한 메이크업을 선보여 IOC 위원들에게 신뢰감을 주었다.

그녀의 경기와 평창 프레젠테이션을 보고 있노라면, 미세한 손동작부터 매니큐어와 헤어핀에 이르기까지 모든 디테일을 하나도 놓치지 않고 철저하게 신경 쓴 흔적을 쉽게 발견할 수 있다. 이를 테면 김연아는 천주교인이기 때문에 경기 때마다 항상 오른손 검지에 묵주반지를 끼고 있다. 또한 왕관을 본떠 만든 액세서리 브랜드와 계약이 되어 있어서 매 경기마다 귀걸이를 착용하는데, 여왕다운 느낌을 물씬 풍긴다. 네일 칼라에도 신경을 쓰는데, 경기 때마다 의상에 어울리는 컬러를 선택해 통일감 있는 스타일링을 연출하고 있다. 특히 그녀의 고혹적인 스모키$^{Smokey}$ 메이크업은 일명 '고양이 화장'이라고 하는데, 의상과 함께 섹시한 매력을 한껏 발산시키기에 충분하다. 콘셉트에 맞게 그녀는 아이라인 굵기와 끝 모양을 직접 조절하여 그린다고 한다.

### 몸짓으로 알아본 김연아의 성향

2010년 벤쿠버 올림픽 당시 김연아의 '007' 엔딩은 본드걸을 만족시키기에 충분했다. 이때 권총 모양을 만든 그녀의 깍지 낀 손을 보면 오른손이 왼손 위에 올라가 있는 것을 알 수 있다. 일반적으로 예체능 분야에 종사하는 사람은 우뇌 성향이 강한데, 오른손을 왼손 위에 올려놓았다는 것은 좌뇌 성향이 강함을 뜻한다.

이는 팔짱 낀 자세에서도 알 수 있다. 그녀가 팔짱 끼고 있는 모습을 자세히 보면 오른팔이 왼팔 아래로 내려가 있는 경우가 많다. 손과는 달리 팔짱은 어떤 팔이 아래에 놓이느냐에 따라 뇌분석학적 성향이 결정되는데, 김연아는 오른팔이 아래쪽에 놓이므로 역시나 좌뇌 성향이 강하다는 것을 알 수 있다. 좌뇌 성향의 사람들이 집중을 잘하고 실수가 적고 기억력이 좋으며 이해가 빠르다는 점을 감안하면 김연아의 이미지에 잘 부합된다고 볼 수 있다.

김연아는 '행동계획법'을 통해 평창 프레젠테이션을 준비했다. 한 번의 연설을 완벽하게 하기 위해 무려 3주 동안 외우고 또 외우기를 반복하며 모든 것을 쏟아부었다고 한다. 결과는 예상대로였다. 그녀의 프레젠테이션은 한 치의 실수 없이 완벽했고 100점 만점에 200점이라는 찬사를 받았다.

이처럼 겪게 될 일을 미리 생각하고 이에 따라 어떻게 대처할지 철저하게 계획을 세우는 것을 '행동계획법'이라고 한다. 철저한 행동계획법을 통해 좌뇌 성향이 강한 김연아는 평창 동계올림픽 유치의 일등공신이 되었다.

## 부드러움과 치밀함의 완벽한 조화
# 박근혜

> 개인의 이미지는 그 사람이 가진 말과 행동으로만 구현되지 않는다. 대중적 관심을 받는 인물은 역사적·사회적 변화에 어떻게 호응해왔는지가 이미지 구성의 중요한 요인이 된다. 이러한 사실을 잘 알고 있는 박근혜 위원장은 그래서 진퇴를 아는 준비된 정치인이다.

비언어커뮤니케이션의 기술적인 연구는 서구에서 먼저 시작됐다. 나는 지난 10여 년 동안 여러 국내 인사들의 이미지 전략을 상담하는 과정에서 서구적인 관점만으로는 이해할 수 없는 이미지 구조가 있다고 인식하게 되었다. 같은 비언어라도 아시아적이고 한국적인 문화로 인해 다른 해석이 엄연히 존재하는 것이다. 가령 엄지와 검지를 이용해 동그란 원을 만들고 나머지 세 손가락을 펼치면 일본에서는 돈을 의미하지만 미국에서는 OK 사인으로 받아들여진다. 또한 고개를 위아래로 흔드는 동작은 대부분의 나라에서 긍정의 의미로 해석되지만 터키에서는 부정의 의미로 받아들여진다. 그러므로 이미지 전략을 채택할 때는 그 사회의 구조적인 틀을 먼저 살펴볼 필요가 있다. 이를 박근혜 전 한나라당 대표를 통해 살펴보자.

## 가정환경과 문화에 덮인 이미지

박근혜 전 대표의 이미지는 한국 현대사의 주요 장면들과 맞닿아 있다. 그녀는 모친이 쓰러지자 20대의 나이에 '국모(國母)'의 역할을 담당하며 가까운 거리에서 정치를 체험했다. 권위주의 시대 우리 현대사의 단면이 아니었다면 누구도 쉽게 겪을 수 없는 상황이다.

박 전 대표의 미소 띤 표정과 목소리 톤은 우아한 여성스러움을 잘 보여주는데, 단아하고 정갈한 복장과 헤어스타일은 퍼스트레이디였던 어머니, 고 육영수 여사를 그대로 닮은 듯하다. 그녀는 머플러를 두르거나 동양적인 브로치를 활용해 부드러운 곡선의 이미지를 자주 강조한다. 박 전 대표를 오래 지켜본 한 측근은 "박 전 대표의 헤어스타일은 어릴 적 어머니를 보고 배운 것으로, 스스로 가장 단정한 머리라는 인식을 갖고 있는 것 같다"라고 말한다. 박 전 대표

는 자신만의 단아한 여성상을 오랜 시간 한결같이 보여줬다. 혹자는 지루하고 신선함이 없다고 지적하기도 하지만 그 점이 그녀의 컬러이자 장점이라고 할 수 있다.

부친의 갑작스런 사망 뒤 그녀의 삶은 더욱 급격하고 극적인 변화를 맞는다. 광폭한 정치 지형의 변화를 또다시 지근거리에서 목격하며 견뎌낸 셈이다. 당시 그녀는 권력의 주도적 집행자는 아니었지만 복잡한 정치 상황과 후광효과로 인해 복합적이고 미묘한 이미지를 표출할 수밖에 없었다. 즉 내적으로는 아버지로부터 물려받은 강인함을 담고 외적으로는 어머니의 부드러움을 띠고 있었다. 이처럼 박근혜 전 대표의 이미지는 지극히 개별적이고 외재적인 요소가 강하다.

## 신중함과 유연함

박근혜 전 대표의 한 측근은 "박 대표가 정치공학적으로 이미지를 만들어가는 것을 싫어하고, 스스로 추구하는 이미지가 따로 있는 것도 아니다"라고 말한다. 박 전 대표의 현재 이미지를 인위적인 노력의 결과물로 봐서는 안 된다는 의미다. 다른 측근은 "박 전 대표는 민첩함이 부족해서 항공모함이 방향을 바꾸는 것 같다"라고 말하기도 한다. 오랫동안 깊이 생각한 뒤 움직이며, 준비되지 않은 일은 잘 시도하지 않는다는 평가다.

하지만 우아함이나 신중함은 단순히 부드러움이나 비현실적인 무관심으로는 형성되지 않는다. 그녀의 유연함은 잘 교육받은 삶에서 비롯하고, 선택적인 현실 참여는 정치적 급변기를 겪은 체험적 정서에 근거해 형성됐을 가능성이 높다.

박 전 대표가 개인적인 변화와 부침을 받아들이는 태도는 정치인으로서의 역정(歷程)에서 그대로 드러난다. 신장(伸張)과 위축(萎縮)의 반복인 셈이다. 2007년 대통령 선거 당시 후보 경쟁에서 밀린 그녀는 이명박 대통령 집권시기 내내 소극적으로 대응하며 자제력을 발휘했다. 중요한 정치 현안이 생길 때마다 정치부 기자들은 국회 본회의장 입구에서 박 전 대표의 입장표명을 듣기 위해 진을 쳤지만 소득이 없었다. 그녀는 요란하게 쏟아지는 카메라 렌즈와 플래시 세례에 눈빛을 잘 마주치지 않았다. 몸의 방향도 정면보다는 측면을 자주 내보이고 피하려는 듯한 인상을 주었다. 몸짓에 따라 발언 역시 몇 마디 단어로 알쏭달쏭한 입장을 개진하는 경우가 많았다. 이명박 정부 내내 보여준 박 전 대표의 자세는 수줍고 얌전하며 공개적이지 않았다. 그러자 나비 한 마리가 태풍을 몰고 오듯 그녀의 의미 없는 작은 몸짓과 발언 하나하나가 묘한 해석을 낳기도 했다.

하지만 대선 3년 전만 해도 그녀의 태도는 달랐다. 2004년 한나라당이 '차떼기당'이라는 오명을 쓰고 천막당사로 쫓겨간 시절이다. 당시 당직자들을 대동한 채 중앙에 서서 국립현충원을 참배하기 위해 전진하는 박 전 대표의 모습은 단호함 그 자체였다. 입을 굳게 다물고 발걸음을 강하게 내딛었으며, 손동작은 절도 있고 눈빛에는 자신감이 넘쳤다.

정권 말기 한나라당이 또다시 급격한 소용돌이에 휘말리면서 비상대책위원회 위원장을 맡은 박근혜 전 대표는 2004년의 모습을 되찾았다. 시선을 흩뜨리고 조신하게 답변하는 모습은 사라졌다. 미소와 손동작도 다시 커졌다. 몸의 방향도 상대방 쪽으로 더 많이 기울이며 악수할 때도 상대방의 시선을 놓치지 않으려는 듯 적극적으로 돌아섰다. 나아가고 물러나는 순간에 따라 사람의 말과 행동은 선택적으로 변화한다는

점을 박 전 대표는 잘 보여준다. 물론 2004년의 단호한 리더십이 2012년에도 똑같이 해석되지는 않는다는 점에서 개인의 전변(轉變)이 주위 환경의 변화와 어떻게 호응하는지 눈여겨볼 대목이다.

## 박근혜의 소통 스타일

따뜻한 카리스마의 소유자인 박근혜 전 대표는 부드러움과 치밀함이 어우러진 '우아한' 스타일이다. 이 유형의 사람들은 대개 본능이나 감정에 지배되지 않고 지식과 윤리에 따라 사물을 분별하고 깨닫는 능력이 뛰어나다.

박근혜 전 대표는 몸짓뿐 아니라 낮은 목소리, 격식을 차린 옷차림, 바른 자세, 빠르지 않은 걸음걸이 등 대부분의 비언어가 세련되고 기품이 있으며 여성스런 분위기를 풍기는데, 이는 그녀가 살아온 가정환경과 문화 속에서 철저히 교육받고 길들여진 결과다. 이렇듯 우리는 비언어적 요소를 통해 상대방의 사회적 지위나 다른 사람과 관계를 맺는 방식 등에 대해 파악할 수 있으며, 태생적 한계에서 비롯된 것으로 추측되는 그녀의 감정 절제와 부드러운 표현 및 겸손한 태도 역시 우아한 비언어를 통해 확인되며 내공이 느껴진다.

:: **정치인의 우아한 이미지 평균 점수**

응답자들은 비언어커뮤니케이션 유형에 관한 본 설문에 포함된 6명의 정치인 중 '우아함' 항목에 있어 박근혜 위원장에게 가장 높은 점수를 부여했다.

| 순위 | 인물 | 평균 |
| --- | --- | --- |
| 1 | 박근혜 | 4.7400 |
| 2 | 반기문 | 4.6450 |
| 3 | 문재인 | 4.6150 |
| 4 | 안철수 | 4.5100 |
| 5 | 홍정욱 | 4.1950 |
| 6 | 손학규 | 3.9792 |

## 엄격한 이미지를 눈물로 희석시키다
# 김황식

> 김황식 국무총리의 첫인상은 엄격하고 묵직했다. 하지만 사법부의 최고위직인 대법관 출신인데다 역대 어느 총리보다 눈물이 많아서인지, 그에 대한 대중의 평가는 나쁘지 않다. 그런 초두효과初頭效果를 발판으로 김 총리는 또 다른 변화를 시도하고 있다.

김황식 국무총리는 역대 어느 총리보다 눈물을 자주 보였다. 경기도 평택의 화재 현장에서 순직한 소방관의 빈소를 예고 없이 찾아가 고인의 자녀들 손을 잡고 눈물을 흘렸다. 김 총리는 '조용히 조문하고 싶다'며 총리실 의전팀도 모르게 측근 경호원들만 대동했다.

2011년 11월, 연평도 포격 사태의 전사자 1주기 추모식이 열린 대전 현충원에는 비가 내렸다. 김 총리는 추모시가 낭독되자 우산을 걷어내고 비석을 어루만지며 울음을 터뜨렸다. 남미 순방 당시 파라과이의 한 한국 학교를 방문한 자리에서도 학생들의 학예회 비디오를 보며 눈물을 쏟았다.

"컬러를 찾으려면 정치적인 발언을 하고, 싸우고, 국민에게 근사한 말을 하면 된다. 컬러가 없는 것이 내 컬러다. 그러나 나는 소나기처럼 확 내려서 쓸려 내려가기보다는, 소리 없이 내리지만 대지에 스며들어 새싹을 피우는 이슬비처럼 일로써 승부하겠다."

김 총리는 스스로의 역할을 땅속에 소리 없이 스며드는 '이슬비'에 비유한다. 그러나 그는 정치인이다. '존재감 없는 것이 목표'라는 말 자체가 정치적인 목적의식을 강하게 드러내고 있는 셈이다. 김 총리의 감수성 짙은 모습은 국정 운영이나 공식적인 자리에서 보이는 모습과는 정확히 일치하지 않을 수 있다. 하지만 소통 부족이라는 지적에 둘러싸인 정부의 이미지와는 분명 대비된다. 일부에서는 김 총리를 보수 진영의 '위로의 아이콘'이라고 지칭하기도 한다.

사실 일반 국민들은 '정치인의 눈물'에 대해 그리 호의적이지 않다. 그럼에도 김 총리의 눈물을 '정치적인 보여주기'로 해석하면서 평가 절하하려는 대중은 많지 않다. 일단 김 총리가 '직업 정치인' 출신이 아니라는 점, 그리고 그가 공평무사하게 법을 해석하고 판결을 내려야 했던 대법관과 국정의 부정비리를 뜯어고치는 감사원장 출신이라는 점에서 주위의 기대효과가 투영된 결과라고 볼 수 있다.

## 초두효과와 건강한 이미지

처음에 인지된 정보가 오래도록 지속돼 그 사람의 현재 이미지를 해석하는 데 끊임없이 영향을 미치는 것을 '초두효과, primacy effect'라고 한다. 대표적으로 첫인상을 들 수 있다. 첫인상을 통한 초두효과는 대중적인 평가가 잦은 직업군에서 특히 중요하게 받아들여진다. 임용 당시 김황식 총리는 정치인 출신도 아니었고, 총리가 되기를 간절하게 원하지도 않았으며, 특정한 정치색이 없을 거라는 평가가 많았는데, 그 이유는 그의 이력과 무관하지 않다.

김황식 총리가 나에게 심어준 개인적인 초두효과를 하나 소개해본다. 2011년 총리 공관에서 김 총리와 자문위원들의 오찬이 있었다. 그런데 일정이 지연되면서 총리 옆자리에 앉았던 나는 다음 일정 때문에 먼저 일어나야 하는 겸연쩍은 상황을 맞았다. 결례인 탓에 사전에 양해를 구했는데 김 총리가 살며시 속삭였다.

"일이 중요하지요. 눈치 보지 말고

마음 편히 일어나세요. 그래도 식사는 해야 할 테니 고기는 먹고 가요. 여기 맛있어요."

자칫 무례하게 보일 수 있는 상황에서 배려한 마음 씀씀이에 내가 어떤 인상을 받았을지는 굳이 말하지 않아도 알 수 있을 것이다.

한편 초두효과와 대비되는 개념으로 '빈발효과頻發, frequency effect'가 있다. 계속된 접촉으로 인해 처음에 받았던 인상이 조금씩 달라지는 것이다.

최선의 이미지 전략은 긍정적인 초두효과로 상대를 매료시킨 다음 자신의 상대적 단점을 빈발효과로 약화시키는 것이다. 김황식 총리의 경우 대법관과 감사원장이라는 이력은 '법과 원칙', 그리고 '남성적'인 인상을 준다. 이는 믿음직스럽지만, 강하고 단단하다. '위로와 소통, 화합'을 위한 그의 눈물은 이렇듯 강한 인상을 순화시키는 역할을 한다.

## 김황식의 소통 스타일

나는 총리실의 국민소통 자문위원으로서 2년 동안 3명의 국무총리를 만났다. 김황식 총리는 그 가운데 비교적 연배가 높아 보이는 인상이다. 대중 정치인에게 젊음과 열정은 무시 못 할 부분이다. 국가의 건전함을 지도자의 건강과 연결짓기도 한다. 예를 들어 미국의 루스벨트 대통령은 신체장애로 휠체어에서 많은 시간을 보낸다는 사실을 숨기려 했고, 부시와 클린턴은 운동 삼아 달리는 모습을 의도적으로 자주 노출시켰다. 레이건은 역도를, 닉슨은 미식축구를 했다고 공공연히 알렸다. 정치인들이 현장을 방문하고 등산 현장에서 메시지를 전달하는 것도 그런 의미를 함축하고 있다.

김황식 총리가 SNS 등을 통해 젊은이들과 대화하려는 모습을 자주 보이는 것도 이런 맥락에서다. 무엇보다 대중 정치인은 젊은 층과 소통하는 모습에서 건강함을 과시하게 된다.

**생각해보기 5**

## 첫인상의 중요성

심리학 용어 가운데 초두효과와 맥락효과가 있다. 예시를 통해 이 두 가지 용어에 대해 살펴보자. 여기 두 사람이 있다.

A

질투심이 강하다

고집이 세다

비판적이다

충동적이다

근면하다

똑똑하다

B

똑똑하다

근면하다

충동적이다

비판적이다

고집이 세다

질투심이 강하다

A와 B 중 어떤 사람을 소개받고 싶은가?

대부분의 사람은 B를 선택한다. 하지만 자세히 보라. 두 사람의 특징은 동일하다. 순서만 바꿨을 뿐이다. 그런데 왜 B를 선택하는 것일까?

바로 초두효과 때문이다. 초두효과란 먼저 제시된 정보가 나중에 들어온 정보보다 더 강력한 영향을 미치는 것을 말한다. A는 질투심이 강하고 고집이 세다는 부정적인 내용이 먼저 제시되는 바람에 나중에 제시된 긍정적인 내용이 약하게 받아들여졌다. 반대로 B는 근면하고 똑똑하다는 긍정적인 내용이 먼저 제시되어, 뒤에 나온 부정적인 내용들이 약하게 받아들여졌다. 초두효과에 따라 처음에 받아들인 정보가 더 강력하게 작용하기 때문에 긍정적인 정보가 먼저 제공된 B를 더 소개받고 싶은 것이다.

맥락효과는 처음에 인식한 정보를 처리지침으로 삼아 나중에 들어온 정보를 이해하는 것을 말한다. 가령 누군가를 처음 만났는데 예의가 깍듯했다고 하자. 얼마 후 당신은 그 사람이 똑똑하다는 사실을 알게 된다. 이럴 때 반응은 대체로 "우와, 대단하네", "능력자다", "멋있어" 등이다.

반대로 누군가를 처음 만났는데 건방졌다고 하자. 얼마 후 당신은 그 사람이 똑똑하다는 사실을 알게 된다. 이럴 때 반응은 "독하네", "재수 없어", "머리는 좋은가 보네" 등으로 나타난다.

이전의 정보를 어떻게 느꼈는지에 따라 이후에 들어온 같은 정보에 대한 해석이 판이하게 달라진다. 이렇듯 처음에 접한 정보와 같은 맥락으로 다음 정보를 받아들이는 것이 맥락효과다.

초두효과와 맥락효과를 소개하는 이유는 바로 첫인상 때문이다. 당연히 첫인상만으로 사람을 판단해서는 안 된다. 하지만 사람의 뇌는 처음 본 이미지를 최소 40시간 이상 갖고 있고, 오랫동안 보지 않으면 그 이미지를 계속 지니게 된다. 따라서 첫 만남에서

안 좋은 이미지를 심어주었다면 그것을 바꾸는 데 상당히 많은 노력을 기울여야 한다. 한 화장품 회사에서 실시한 조사결과에 따르면, 상대방에 대한 첫인상을 바꾸는 데 무려 60회의 접촉이 필요했다고 한다. 첫인상이 중요할 수밖에 없는 이유다.

| 6장 |

# 지적이고 차분한
# 사람들의 소통법

# 熱＋密

요즘 남성의 결혼대상자 직업 1순위는 아나운서다. 정말이지 아나운서만큼 지적이고 매력적으로 보이는 사람도 없을 것이다. 최근에는 '아나테이너'라는 신조어가 생겼을 정도로 뉴스 진행은 물론 예능 프로그램에서도 재능을 뽐내고 있다.

나의 지인 중에도 모 방송국 아나운서가 있다. 후배이자 고객이기도 한 그 친구는 해외에서 석사과정까지 밟고 온 재원이다. 그녀는 단정하게 정리된 짧은 단발머리에 화장을 과하게 하지 않고, 요즘의 젊은 아나운서와는 달리 짧은 미니스커트보다 다소 고리타분해 보이는 정장을 즐겨 입는다.

어느 날 그녀가 나를 찾아왔다. 모임 등에서 사람들과 쉽사리 어울리지 못해 힘들어 하고 있었다. 단정하고 빈틈이 없어 보이는 외모와 정확한 발음, 똑 부러지는 말투 때문에 사람들이 쉽사리 다가오지 못하는 것이었다. 지금까지야 그럭저럭 지내 왔다지만, 30대가 된 그녀는 내심 걱정이 되기 시작했다. 선후배 아나운서들처럼 대중적 인기를 끌고 있지는 않지만 내부에서 차츰 실력을 인정받으며 성장하고 있다고 생각했는데, 혹시라도 사회생활에 문제가 있다고 여겨져 조직에서 불이익을 당하지는 않을지 고민이 된 것이다.

## 이지적이고 차분한 사람들의 특징

나의 후배처럼 이지적인 유형의 사람들은 열정과 치밀함을 속성으로 가지고 있다. 본능이나 감정에 지배되지 않고 이성과 윤리에 따라 사물을 분별하고 깨닫는 능력이 뛰어난 유형으로, 계획한 대로 일을 추진하고 과업 중심적이다.

대체로 표정의 변화가 거의 없으며, 몸짓이 과하지 않지만 자신감을 보인다. 또한 불필요한 신체동작을 자제하며, 타인과의 스킨십이 많지 않고 적당한 거리를 두는 편이다. 자세는 바른 편이고, 걸음이 빠르지 않고 보폭도 작지만 발끝에 힘을 주어 흔들림이 없다. 목소리 톤은 높지 않고 차분하며 발음이 정확하다. 눈에 총기가 있어 눈빛이 살아있다는 말을 자주 듣는다.

외모는 어떨까? 이 유형의 사람들은 대체로 격식 차린 옷을 즐겨 입는다. 예를 들어 몸매가 드러나는 의상보다는 복장 에티켓에 준한 보수적인 옷차림을 선호한다. 액세서리 활용은 거의 없으나 가방과 볼펜 혹은 명함 지갑에는 신경을 쓴다. 연예인의 경우 종종 뿔테안경을 활용해 이지적인 이미지를 창출하기도 한다. 헤어스타일도 보수적이다. 전반적으로 비언어 이미지가 차분하며 매너가 좋고 교과서적인 삶을 살아가는 사람이 많다.

## 똑똑해 보이지만 다가서기 힘든 사람으로 비칠 수도

지적인 사람들의 취약점이 있다면 인간관계에 어려움을 겪는다는 것이다. 지적인 이미지는 차가움이나 거리감으로 느껴질 수 있고 이는 타인에게 불편함으로 다가갈 수 있기 때문이다. 또한 종종 잘난 척하는 사람으로 비치기도 한다. 실제로 이러한 유형의 사람들은 자존심이 센 편이며, 친해지기 전까지는 쉽게 마음을 드러내지 않는다. 불행히도 이러한 성향은 비언어를 통해 자신도 모르게 밖으로 드러나며, 상대방은 처음 만날 때부터 이러한 성향을 느끼고 강한 선입견을 갖게 된다. 그 결과 내 후배처럼 쉽게 친분을 쌓지 못하게 된다.

그래서 후배의 경우 조금이라도 모르는 부분이 있으면 질문하는 습관부터 기르기 시작했다. 그녀는 질문하는 것을 어색해했는데, 모른다고 말하는 것을 자존심이 허락하지 않았기 때문이다. 물론 일적인 부분에서 모르는 것이 있다면 전문성을 요하는 직업인만큼 이미지에 타격을 받을 수도 있겠지만, 그밖의 부분은 잘 모른다고 해도 크게 문제가 되지 않을 것이다. 오히려 약간의 빈틈을 보임으로써 완벽한 사람이라는 인상을 완화시키고 그 결과 좀 더 인간적으로 보일 수 있다.

다시 한 번 말하지만, 빈틈이 없어 보이는 이미지는 본인은 만족스러울지언정 상대에게는 불편함을 줄 수 있다. 그렇기 때문에 이러한 유형은 겸손한 자세를 갖출 필요가 있으며 자신에게 숨어있는 인간적인 모습을 표현하는 것이 무엇보다 중요하다.

우리가 잘 알고 있는 인물 가운데 반기문 총장과 문재인 노무현 재단 이사장이 이 유형에 속한다. 이 두 사람의 비언어커뮤니케이션을 분석해보았다. 부드럽고 친밀한 문재인 이사장과 성실과 매너의 상징 반기문 총장을 통해 지적이고 차분한 사람들이 소통하는 방법에 대해 알아보자.

## 교과서적인 원칙의 상징
# 반기문

> 반기문 UN 사무총장은 전 세계 젊은이들이 가장 닮고 싶어 하는 외유내강의 리더이자 교과서 같은 인물이다. 돌진하는 소 같은 열정과 치밀함이 어우러진 준비된 리더로 평가받고 있다.

2011년 반기문 총장의 연임이 만장일치로 통과되자 버락 오바마 미국 대통령은 그를 부러워하며 "반 총장의 연임 비결을 알아내기 위해 여전히 노력하고 있다"고 말했다. 반기문 총장의 친동생인 반기상 씨는 어린 시절의 형에 대해 이렇게 말한다.

"학교에서 배운 거 열 번 써오라고 하면 그냥 다 써갔습니다. 솔직히 나는 다섯 번만 써갔어요. 숙제들이 많았기 때문에 열 번을 모두 쓰기가 쉽지 않았습니다."

반기문 총장은 그만큼 원칙을 고수한다. 학창시절을 보아도 알 수 있듯이, 그의 이미지는 교과서적이다. 교육받은 치밀함이 엿보인다. 반 총장은 "영어도, 유머도, 친절도 공부했기 때문에 그 자리에 갈 수 있었다"고 말한다. 그를 담은 수백 장의 사진과 동영상 모두 교과서적인 이미지를 보이고 있다.

## 매너의 표본

외교관은 해외에 국가의 이미지를 전파하는 중요한 역할을 담당한다. 그런 측면에서 반 총장이 교과서적인 매너로 무장한 것은 당연이다. 그가 뒷짐을 진 모습은 보기 힘들며, 두 손을 바지 주머니에 집어넣거나 팔짱 끼는 모습도 발견하기 어렵다. 한 전문가는 생존의 키워드로 '좋은 매너'를 꼽기도 했다.

무엇보다 반 총장의 매너는 대중과 인사하는 몸짓에서 자주 발견할 수 있다. 그는 몸을 앞으로 숙이며 더 다가가고자 하는 몸짓으로 손을 아주 높이 올려 크게 손짓하는 열정적인 모습을 보인다. 표정은 밝고, 항상 바른 자세를 유지한다. UN 사무총장 연임이 확정되었을 때는 자연스럽게 허리를 숙이는 아시아식 인사법을 보여주어 강한 인상을 남겼다.

그는 연임 확정 후 자신의 고향인 음성에 찾아가 감사의 인사를 전했으며, 돌아온 뒤에도 이필용 음성 군수에게 친필 사인을 한 감사 편지를 보낼 만큼 세심한 매너가 몸에 배어 있다.

반 총장의 매너와 긍정적인 몸짓을 구체적으로 살펴보자. 그의 손짓은 4가지로 나뉜다. 두 손을 모으고 앉거나 서는 자세, 바지 옆 재봉선에 맞춰 손을 가지런히 내려놓은 차렷 자세, 오른손을 높이 올려 인사하는 자세, 그리고 두 손을 펴고 머리 위로 활짝 올리는 자세다. 4가지 동작 모두에서 매너와 겸손을 엿볼 수 있다. 또한 그는 미디어 접근 방식 또한 잘 이해하고 있다. 사진의 프레임을 정확히 알고 있어, 철저히 그 각도 안에서 움직이며 주제에 따라 역동적이거나 부드러운 모습을 보인다.

그는 손을 가슴 위로 올리는 경우가 거의 없다. 오바마 미국 대통령은 가슴 높이까지 손을 올리고 열정적인 모습을 보이지만, 이런 모습은 정치적 중립을 유지하고 국제 분쟁을 중재해야 할 UN 사무총장에게는 적합하지 않다.

반기문 총장과 이명박 대통령이 청와대 영빈관에서 열린 환영 만찬에서 건배하고 있다. 만찬장에서 잔을 부딪힐 때의 매너는 눈으로 잔을 보는 것이 아니라 서로의 눈을 바라보는 것이다. 이명박 대통령과 반기문 총장의 시선이 서로 다른 방향을 향하고 있다.

인간관계에서 매너가 기본인 것은 다들 알지만 막상 배우려 하는 사람은 많지 않다. 우위에 선 갑은 아래에 있는 을이나 배워야 할 것이 매너라고 생각한다. 정치권에서도 소통을 해보겠다며 대중 속으로 뛰어들지만 정작 상대방을 대하는 매너는 고민이 부족하다. 자신의 입장에서만 소통하려 할 때 실패는 자명하다.

매너는 사실 약속의 다른 말이다. 정치인은 선거철에 공약을 내걸고, 기업은 상품을 팔기 위해 광고를 한다. 하지만 시민들이 공약과 광고를 전적으로 신뢰하는가는 생각해볼 필요가 있다. 매너 있는 사람들이 환영받는 이유는 약속에 대한 믿음을 심어주기 때문이다. 약속을 잘 지키는, 이른바 브랜드 매너가 있는 정치인과 기업이 지속적인 신뢰를 얻는 이유다.

## 반기문의 소통 스타일

유능함과 성실함을 함께 갖춘 사람을 따라잡기는 어렵다. 약속을 잘 지키는 매너까지 갖췄다면 더욱 그렇다. 반 총장은 카리스마가 있는 이미지는 아니지만, 지금까지의 인생을 이야기해주듯 포기를 모르는 열정과 교육에 의해 터득한 치밀함이 엿보인다. 지적이고 차분한 사람들의 특징이다.

그는 철저히 교육받은 사람이며, 매너와 성실함을 몸에 익혔다. 지각하는 법이 없고 잠깐의 시간도 자기관리에 활용한다. UN사무총장으로 근무하면서 그는 점심시간을 활용해 불어를 배우기도 했다. 비행기 도착시간은 거의 현지시간 아침으로 정해 공항 도착 후 바로 출근할 수 있도록 스케줄을 짠다. 일에 접근하는 그의 자세는 말보다 평상시 행동을 보면 강하게 느낄 수 있다. 바로 이것이 비언어커뮤니케이션의 힘이다.

"세상에서 가장 공평한 것이 있다면 바로 공부다"라고 말하는 반기문 총장은 공부가 취미이자 특기다. "지금 잠을 자면 꿈을 꾸지만, 지금 공부하면 꿈을 이룬다"라는 그의 말처럼 그는 지금도 자신만의 히스토리를 만들어가고 있다.

:: 설문조사결과

응답자들은 반기문 총장의 비언어커뮤니케이션 유형에 대해 지적임을 제1순위로 꼽았다.

| 유형 | 평균 | paired t-test |
|---|---|---|
| 지적임 | 5.6800 | .037 |
| 부드러움 | 5.5250 | |
| 치밀함 | 5.4450 | |
| 열정적임 | 5.3700 | |
| 유쾌함 | 4.7250 | |
| 우아함 | 4.6450 | |
| 귀여움 | 3.4350 | |
| 섹시함 | 2.8400 | |

| 유형 | 남(N = 100) | 녀(N = 100) | 유의차 |
|---|---|---|---|
| 지적임 | 5.6400 | 5.7200 | Ns |
| 부드러움 | 5.4700 | 5.5800 | Ns |
| 치밀함 | 5.3700 | 5.5200 | Ns |
| 열정적임 | 5.2100 | 5.5300 | .049 |
| 유쾌함 | 4.7100 | 4.7400 | Ns |
| 우아함 | 4.5300 | 4.7600 | Ns |
| 귀여움 | 3.3700 | 3.5000 | Ns |
| 섹시함 | 2.8200 | 2.8600 | Ns |

## 친밀 영역 안에서 움직이다
# 문재인

> 문재인 이사장은 특히 자신과 상대방 사이의 방어막을 해제하는 능력이 뛰어나다. 따뜻한 스킨십과 페이싱을 통해 라포, 즉 유대 관계를 형성하며, 그 과정에서 매칭 기술을 자연스럽게 활용해 친밀감을 이끌어낸다.

문재인 이사장은 노무현 전 대통령과 닮은 점이 많다. 함께 걸을 때를 보면 걸음걸이와 손의 움직임, 걷는 속도가 거의 같으며, 사진을 찍을 때는 서로 바라보며 미소 짓는 모습까지 비슷하다. 30년 단짝 친구답게 서로 통한다는 느낌이 여실히 전해진다.

상대방과 관계를 맺고 신뢰감을 형성하는 데에는 이성적·감성적 요소가 모두 작용하기 마련이다. 여기서 감성적인 요소란 친밀감을 말하는데, 앞서 설명했듯이 이를 '라포rapport'라고 한다. 라포는 상대방과의 관계에 있어서 내가 원하는 방향으로 결과를 얻어내고 상황과 관계를 이끌어가는 데 필요하다. 호흡하는 생명체가 모두 그렇듯이 인간 역시 자

담소를 나누고 있는 노무현 대통령과 문재인 이사장의 모습. 이들은 걸음걸이와 손의 움직임, 걷는 속도가 거의 같으며, 서로 바라보며 미소 짓는 모습까지 비슷하다. 30년 단짝 친구답게 서로 통한다는 느낌이 여실히 전해진다.

신과 비슷한 리듬을 가진 대상에 친밀감을 느낀다.

문재인 이사장과 노 전 대통령의 보디랭귀지가 서로 일치하는 것은 페이싱pacing의 결과라고 볼 수 있다. 페이싱이란 상대방에게 맞춰가는 것을 말하는데 여기에는 표정, 호흡 상태, 말의 속도, 음정과 음색, 자세는 물론, 말하는 내용까지 모두 포함한다. 적극적으로 페이싱 해나가는 것을 '매치match'라 하고, 반대의 경우를 '미스매치miss match'라고 한다.

페이싱은 상대와 라포를 형성하는 데 있어 중요한 역할을 한다. 그리고 라포는 상대방과 관계를 지속해나가면서 궁극적으로 자신이 원하는 결과를 이끌어내는 데 필요하다. 결국 노무현을 보면 문재인이 떠오르고 문재인을 보면 노무현이 보인다는 평가가 나올 수 있는 것이다. 이는 수많은 해외 정치인들이 활용하는 방식이기도 하다.

## 친밀 영역 안에서 움직이기

노 전 대통령의 서거 이후 문재인의 몸짓에는 약간의 변화가 감지됐다. 뒤에 숨어있던 손이 앞으로 나오기 시작했고 밖으로 뻗는 외향적인 손동작이 많아졌다. 연설 도중 미국의 부시 대통령이나 고 김대중 대통령 등 권력자들이 자주 사용하던 '내리치기'의 손동작을 자주 보이기 시작한 것이다. 손을 내리치는 것은 힘 있는 사람의 동작이라고 볼 수 있는데, 그래서 조직의 수장이나 권위적인 사람들이 즐겨 사용한다.

하지만 이러한 동작은 문재인이 공수부대에서 복무하던 젊은 시절의 혈기왕성한 모습을 떠올린다면 크게 이상하지도 않다. 정도가 과해 반감을 살 정도가 아니라면, 이러한 동작은 진취적인 성향을 표현함으로써 상대방으로부터 적극적인 공감을 이끌어낼 수 있다.

문재인이 가진 대중적 친밀감은 페이싱의 결과만은 아니다. 그의 거리감각에서도 찾아볼 수 있다. 2011년 그는 자서전《운명》을 출간하면서 '북 콘서트'를 열고 대중 지향적인 행보에 나섰다. 콘서트에서 그는 한 손에는 마이크를 들고 다른 한 손은 아래로 내린 자세를 수십 분 동안 유지하면서도 표정만큼은 다양하게 변했다. 환하게 웃을 때는 입을 크게 벌려 치아를 고스란히 드러냈으며 고개를 한껏 뒤로 젖히는 과감한 동작도 보였다. 하지만 그러는 동안에도 우아함을 잃지 않았다.

콘서트를 마친 후 사인회 자리에서는 참가자들에게 책을 건네면서 책상 앞에서 의례적으로 인사하는 게 아니라 책상 옆으로 가서 보다 가깝

게 상대와 마주섰다. 사진을 찍을 때 "오빠, 여기 보세요"라는 목소리가 들리는 것이 이색적이다. 이는 북 콘서트 중 '문재인에게 묻는다'라는 코너에서 누군가 "오빠라고 불러도 될까요?"라고 질문했던 것에서 비롯된 것이다. 그는 노 전 대통령의 사례를 들며 "봉사활동에 나온 아주머니들께서 노 대통령을 보고 '오빠, 오빠' 하며 환호했던 일이 기억난다"고 답한 뒤 이를 흔쾌히 허락했다.

셀카를 찍은 경험이 여러 번 있는 듯, 그는 젊은이들과 사진을 찍을 때마다 핸드폰 카메라를 바라보며 자연스럽게 웃어주었다. 사진을 찍은 다음에는 상대방을 바라보고 웃으며 말을 건넸다. 이때 그와 상대방의 거리는 50센티미터도 안 될 만큼 가깝다.

에드워드 T. 홀Edward T. T. Hall은 1966년 '근접학'이라는 용어를 만들면서 개인 공간을 친밀 영역, 개인 영역, 사회적 영역, 공적 영역으로 구분했다. 그 가운데 친밀 영역은 가족이나 애인과 같은 아주 가까운 사람과의 거리를 가리키는데, 대개 15센티미터에서 46센티미터 정도에 해당한다.

문재인은 행사장에 참여한 젊은이들과 사진을 찍으면서 친밀 영역 안에서 움직였고 그러면서도 어색해하지 않았으며 대상을 점차 확대시켜

갔다. 정적政敵으로부터도 인품을 갖춘 선비로 불렸던 문재인이 대중과 어떤 새로운 운명을 맞게 될지 예감할 수 있는 대목이다.

"이제 노 대통령으로부터 벗어나 홀로서기를 하고 싶다. 독자적으로 할 수 있는 것을 찾아나가고 싶다."

## 문재인의 소통 스타일

그는 서두르지 않고 부드럽게 한 발 한 발 우리 곁에 다가오고 있다. 종종 손짓을 사용하기는 하지만 신체동작은 거의 없는 편이다. 이에 반해 표정은 기쁠 때, 슬플 때, 심각할 때, 진지할 때가 확연히 구분될 만큼 다양하다.

누구를 만나든 늘 먼저 다가가는 그가 한 노인과 악수를 했을 때가 기억난다. 그는 악수를 마칠 때까지 손을 놓지 않았는데, 다른 한 손으로 노인의 손을 잡고 있는 모습이 인상적이었다. 겸손과 배려를 엿볼 수 있는 대목이다.

그는 먼저 우리에게 가까이 다가와 '소통疏通'한다. 인터넷에 공개돼 화제가 된 공수부대(특전사) 복무 시절의 사진을 보면 큰 키에 꽉 다문 입, 강인해 보이는 눈이 강하고 인상적이며, 지금의 모습과는 사뭇 다르다. 감정을 솔직하게 드러내는 다양한 표정과 함께 다정다감하고 친절하게 다가오는 문재인식 소통방식은 대중으로부터 편안함을 이끌어내면서도 열정이 느껴진다. 문재인은 '지적'인 이미지의 사람들이 갖고 있는 취약점을 그만의 방식으로 지혜롭게 극복하고 있다.

:: 설문조사결과

응답자들은 문재인의 비언어커뮤니케이션 유형에 대해 '지적임'을 제1순위로 꼽았다.

| 유형 | 평균 | paired t-test |
|---|---|---|
| 지적임 | 5.4150 | .001 |
| 부드러움 | 5.1350 | |
| 치밀함 | 5.1000 | |
| 우아함 | 4.6150 | |
| 열정적임 | 4.5300 | |
| 유쾌함 | 3.9750 | |
| 섹시함 | 3.0150 | |
| 귀여움 | 3.0050 | |

| 유형 | 남(N = 100) | 녀(N = 100) | 유의차 |
|---|---|---|---|
| 지적임 | 5.4100 | 5.4200 | Ns |
| 부드러움 | 5.1600 | 5.1100 | Ns |
| 치밀함 | 5.2700 | 4.9300 | .025 |
| 우아함 | 4.7500 | 4.4800 | Ns |
| 열정적임 | 4.6000 | 4.4600 | Ns |
| 유쾌함 | 4.0400 | 3.9100 | Ns |
| 섹시함 | 3.2200 | 2.8100 | .045 |
| 귀여움 | 3.2100 | 2.8100 | .034 |

생각해보기 6

## 정치인의 이미지관리

정치인들은 그 어떤 부류보다 – 심지어 연예인보다 – 비언어를 효과적으로 활용한다. 표정, 손동작, 걸음걸이, 복장까지 유권자들에게 영향을 끼칠 수 있는 모든 부분에 신경을 쓰고 있다. 한순간의 이미지에 유권자의 한 표가 걸려있기 때문이다. 모두가 익히 알듯이, 이제 말만 잘해서는 유권자들의 지지를 받기 힘들다. 정치인들이 대중의 관심과 지지를 얻기 위해 어떤 비언어를 구사하는지 살펴보자.

**"총재님, 식사는 하셨습니까?"**
김대중 대통령이 총재 시절 회의를 주관하던 때였다. 모 국회의원이 다급하게 다가와 김 총재에게 조용히 귀엣말을 건넸다. 잠자코 얘기를 듣던 김 총재가 고개를 위아래로 살짝 끄덕였다. 그러자 모든 언론사의 카메라 플래시가 터졌다. 뭔가 중요한 대화가 오간 것이 틀림없었다.

그런데 나중에 알고 보니, 그 국회의원이 건넨 말은 '총재님, 식사는 잘 하셨습니까?'였다고 한다. 당시 바로 옆자리에서 그 장면을 지켜본 당직자로부터 전해들은 내용이다. 정치인들은 자신의 이미지를 노출하고 확산시키길 필요가 있는데, 이때 미디어만큼 효과적인 수단도 없다. 아마도 그 국회의원은 김 총재의 후광에 기대어 미디어에 노출되고 싶었던 모양이다.

### 정치인은 왼편에 서라 (오바마)

미국 대통령 버락 오바마의 연설은 대중을 사로잡기로 유명하다. 물론 연설 자체가 훌륭하다. 하지만 오바마가 청중을 사로잡는 데는 또 다른 비밀이 있다.

우선 그의 표정과 손동작은 그와 나, 단 둘이 대화하는 것 같은 착각을 불러일으킨다. 초상화를 어느 각도에서 봐도 나를 바라보는 것 같은 느낌이 드는 것과 마찬가지다.

게다가 그는 말투와 행동에서 자신감이 넘친다. 강조하려는 부분에서 검지 하나를 활용하는 일반 연설가들과 달리, 그는 두 손을 모두 능수능란하게 사용한다. 이때 손과 팔의 움직임은 크고 대범하다.

특히 방송 화면에 노출될 때 최적의 자리를 잡는 기술은 오바마의 장기다. 그는 외국 정상들과 인사할 때 주로 왼쪽에 선다. 악수를 할 때 왼쪽에 선 사람은 어깨가 카메라 정면을 향해 더 많이 노출되면서 상대방보다 더 지배적이고 우위에 선 것처럼 보인다. 또한 그는 인사를 나누면서 상대의 팔꿈치나 어깨를 가볍게 치는 경우가 많다. 상대에게 친근감을 표현하는 동시에 더 많은 '왼쪽 노출'을 함으로써 은연중에 자신이 보다 우월한 권위를 지니고 있다는 점을 부각시키는 것이다. 악수할 때의 자세도 눈여겨볼 필요가 있다. 오바마는 자신의 손을 위로 올려 상대의 손을 아래에 두는 경우가 많다. 역시 우월감의 표시다. 모두 전문가의 조언이 없었다면 쉽게 나오기 어려운 동작들이다.

**보디 빌더와 푸들 (부시와 블레어)**

조지 부시 대통령은 영국의 토니 블레어 전 총리를 만나 걷는 순간 자신이 보디빌더라도 되는 양 양팔을 힘차게 휘두르며 걸었다. 이에 비해 블레어 전 총리는 무심코 두 손을 바지주머니에 찔러

넣은 채 걷고 말았다. 미국이 이라크 전쟁을 수행하는 과정에서 '부시의 푸들'로 불렸던 블레어의 이미지는 이런 순간이 더해지면서 빚어진 오명은 아니었을까?

부시 외에도 미국의 역대 대통령들은 보디랭귀지에 적잖은 신경을 썼다. 떠들썩한 스캔들에도 불구하고 엄청난 대중적 인기를 누렸던 빌 클린턴 대통령은 안경 너머로 상대를 바라보곤 했는데, 그 시선을 받은 상대는 자기도 모르게 클린턴의 눈에 집중할 수밖에 없었다. 구 소련에 맞서 스타워즈 계획까지 내세웠던 로널드 레이건 대통령은 단호하고 큼직한 걸음걸이에 팔을 크게 휘젓는 동작을 자주 보여 자신이 만만치 않은 상대라는 인상을 심어주려 애썼는데, 측근들이 그를 다급히 쫓아가느라 쩔쩔매는 모습을 보인 것만으로도 성공적인 연출이었다.

### 손놀림의 비밀 (김대중과 박정희)

서구에 비해 국내 정치인들의 보디랭귀지 활용은 아직 미숙한 편이다. 보디랭귀지의 일관성을 찾아보기 어려울 뿐 아니라, 악수할 때 위치를 잡는 것도 서투르고 연설할 때의 동작도 자신감이 부족하다.

그런 차원에서 김대중 대통령은 보기 드문 연설가였다. 그는 강한 사투리에서 묻어나는 단호한 말투에, 한 손을 칼날처럼 내리치거나 손을 완전히 펴고 손바닥을 내보이며 앞뒤로 흔드는 동작을 자주 보였다. 다리를 움직이는 일이 불편해진 뒤로는 더욱 손동작에 의지해 청중의 시선을 잡아끄는 데 주력했다.

김대중 대통령과 평생 대립각을 세웠던 박정희 대통령도 손동작을 적절히 잘 활용했다. 연설할 때 그는 손을 높이 올리고 집게손가락을 이용해 찌르는 듯한 자세를 자주 취했는데, 주장을 관철시키려는 의지와 상대에 대한 일종의 경고효과를 극대화한 것이었다. 물론 자신의 작은 키를 의식해서 상대방의 시선이 위로 향하도록 의도한 것도 있었다(히틀러 참조). 또한 박정희 대통령은 허리를 곧게 펴서 가슴을 내밀고 뒷짐을 쥐는 모습을 자주 노출시켰는데, 작은 체구가 크게 보이도록 하면서 군 출신답게 권위적인 자세를 취한 것이었다.

### 강인함과 웃음의 중화법中和法 (노무현과 이명박)

거리낌 없는 직설화법으로 정치인에 대한 팬덤fandom 문화를 창출했던 노무현 대통령은 강조하려는 부분을 또박또박 끊어 읽는 습관이 있었으며, 손으로는 무언가를 내리치거나 부여잡는 듯한 자세를 많이 보여줬다. 위기상황을 돌파하고 자신의 주장을 반드시 관철시키겠다는 의지의 표명이었다. 또한 가슴에 손을 얹는 자세를 자주 보여줬는데 이는 자신의 진실함을 호소하는 몸짓이다. 노 대통령은 국회의원 시절 5공 청문회를 통해 얻게 된 공격적이고 강인한 이미지를 대통령이 되고 난 후 느긋한 함박웃음으로 적절히 중화시키기도 했다.

한편 이명박 대통령은 자신의 주장을 강하게 내세우거나 경고성 말투를 구사할 때 왼손을 활짝 편 채 아래를 향하는 동작을 자주 보인다. 단호한 의지로 상대를 강하게 압박하려는 의지의 표출이다. 또, 종종 입을 크게 벌리고 웃음을 짓는데 명랑하고 부드러운 인상을 부각시켜 분위기를 유쾌하고 편안하게 이끈다. 즉, 이 대통령은 상황에 따라 고압적 느낌과 소탈한 인상을 차별적으로 구사하는 셈이다.

### 매력魅力과 마력魔力 사이 (히틀러)

2차 세계대전의 악몽을 가져온 히틀러는 유대인 말살정책을 실시하며 독재자로서의 이미지를 굳혔다. 그러나 오늘날 독단적 이미지의 대명사인 히틀러에게도 콤플렉스가 있었으니, 바로 왜소한 체구였다.

그는 사진에 작은 키가 노출되지 않도록 상반신만 찍었다. 또 배경은 어둡게 처리해 권위적인 이미지를 창출했다. 탁월한 대중 연설가이자 정치가로서 그는 본인의 이미지에 걸맞은 조명과 음향을 능수능란하게 구사했다.

히틀러는 카리스마 넘치는 표정과 함께 손동작을 누구보다 효과적으로 구사한 지도자였다. 연설할 때는 오른손을 벌린 채 높이 쳐들어 자신의 존재를 과시했고 왼손으로는 심장을 눌러 충성심을 표출했다. 현대 정치에서는 다소 권위적인 양태로 분류되는 '주먹을 쥐고 번쩍 드는 자세'를 통해서는 공격적인 패기와 강인한 의지를 보여주었다. 또한 오른손 집게손가락을 치켜세운 손동작은 목표를 향해 일치단결해 나가야 한다는 인상을 주었다. 히틀러의 강한 손동작은 그의 연설과 어우러져 대중을 단번에 압도하고 휘어잡았으며, 전쟁의 참화에 동참하도록 이끌었다.

히틀러의 손동작은 영국의 유명한 역사학자인 토인비가 칭찬할 정도였다. 토인비는 그의 저서에서 다음과 같이 말했다. "나의 눈은 히틀러의 손동작을 쫓았다. 그는 아름다운 손을 언어의 반주로 사용했는데 그것은 우아했으며 음성도 매우 듣기 좋았다."

재밌는 사실은 그가 보이지 않는 곳에서는 누구보다 바른생활을 한 사람이었다는 것이다. 담배와 술, 여자를 멀리하는 등 사생활은 충분히 모범적이었다.

| 7장 |

# 강렬하고 섹시한
# 사람들의 소통법

# 熱+樂

업계에서 최단기, 최연소로 마케팅 임원이 된 외국계기업의 박 이사는 강렬한 이미지를 지닌 여성이다. 어느 여름 30대 초반의 그녀가 나를 찾아 왔다. 그녀는 왁싱으로 마무리한 듯 반짝이는 숏커트에 칼라가 정성껏 다림질 된 흰 셔츠와 반짝이는 검은색 스키니 바지를 입고 있었다. 그리고 작은 다이아몬드가 달린 얇은 목걸이와 가죽으로 처리된 백금의 매뉴얼 와인딩 손목시계를 착용하고 있었으며 다리를 돋보이게 하는 킬힐 형태의 검은색 글래디에이터$^{Gladiator}$ 슈즈를 신어 심플한 옷차림이 주는 단조로움을 없앴다. 가슴골이 보일 듯 말 듯 셔츠의 단추를 풀어 놓았는데 야하다기보다는 마케터로서 충분히 강렬한 인상을 주었다. 섹시함은 무조건적인 노출에서 오는 것이 아니라는 사실을 알 수 있었다.

다리를 포개고 허리를 편 자세로 의자 깊숙이 앉은 그녀는 무릎 위에 손을 놓고 있다가 이따금 컵을 만지기도 했으며, 자신의 이야기를 할 때는 펜을 쥐고 말하는 듯한 몸짓을 보였고 웃을 때는 치아를 모두 드러내고 활짝 웃었다. 서 있을 때는 골반이나 허리에 손을 올리거나 팔짱을 끼고 이야기하는 습관이 있었는데, 자신감 있는 표정에서 알 수 있듯, 이는 상대방에 대한 불편함이나 두려움에서 오는 것이 아니었다.

## 강렬하고 섹시한 사람들의 특징

박 이사처럼 강렬하고 섹시한 이미지의 사람들은 열정적이고 유쾌한 속성을 동시에 갖고 있으며 성적 매력이 강하게 풍긴다. 몸짓은 외향적이고 항상 자신감이 넘치며, 과감한 복장을 잘 소화하고, 강렬한 시선으로 주위를 압도한다. 완벽한 헤어스타일에 광이 나는 구두와 깔끔한 정장을 입은 남자들을 떠올린다면 정답이다. 여성의 경우에는 몸매가 좋든 그렇지 않든, 섹시한 포즈를 잘 취한다. 가령 십일자 모양으로 다리를 포개고 앉아 팔에 힘을 빼고 무릎 위에 가지런히 손을 올리기도 하고, 또는 허리를 꼿꼿이 세우고 쭉 뻗은 다리로 엉덩이를 좌우로 크게 흔들며 걷기도 한다.

이 유형의 여성은 습관적으로 고개를 기울이거나 머리카락을 어깨 너머로 잘 쓸어 넘기고, 촉촉하게 젖은 입술로 자신의 몸 어딘가에 손을 올려놓는 자세를 자주 취하는 경향이 있다. 또한 긴 머리를 선호하고 몸매가 드러나는 스타일의 옷을 즐기며, 노출을 즐기는 편은 아니지만 여성미나 남성미를 보일 수 있는 포인트에는 과감한 노출을 시도하기도 한다. 예를 들어 셔츠나 블라우스의 단추를 2개 이상 풀어 놓는다거나 치마의 트임을 길게 하여 다리를 많이 노출하는 식이다. 기본적으로 흰색이나 검은색 같은 무채색의 옷을 자주 입는데, 강렬한 색도 잘 소화한다. 많은 액세서리를 착용하지는 않지만, 몸매의 곡선이 잘 드러나는 허리나 목, 가슴이나 엉덩이 같은 곳에는 과감하게 착용하기도 한다.

## 화끈해 보이지만 신뢰감을 주기 어려울 수도

박 이사가 이미지 변화의 필요성을 느낀 것은 개인브랜드에 따른 포지션 때문이었다. 그녀는 사회적으로 이미 성공궤도를 달리고 있었다. 하지만 너무 빠른 성장으로 인한 두려움이 없는 것도 아니었다. 그녀는 마케팅 이사답게 자신의 미래가치에 대해 고민하기 시작했고, 여성 마케터로서 40대 이후의 전략이 필요했다.

이런 전략에 있어서 현재의 강렬하고 섹시한 이미지는 도움이 될 것 같지 않았다. 하지만 그렇다고 해서 그간에 쌓아온 이미지를 갑자기 바꾸는 게 쉬운 일은 아니었다. 게다가 과하지 않은 섹시함과 강렬함이 그녀만의 색깔이었고, 비즈니스에서도 큰 장점으로 작용하고 있었다.

따라서 이러한 이미지를 살리되 그녀만의 트레이드마크로 삼을 수 있는 또 다른 이미지를 찾아낼 필요가 있었다. 가령 가수 엄정화를 생각해보자. 섹시한 몸짓과 의상이 트레이드마크인 그녀는 40대임에도 여전히 강렬하고 섹시한 이미지를 풍긴다. 하지만 그녀가 그러한 모습만 줄기차게 보여줬다면 가수로서의 생명은 짧았을지도 모른다. 그녀는 섹시한 가수로서의 모습과 더불어 연기나 예능 활동을 통해 또 다른 이미지를 보여주었다. 그녀가 장수하는 비결이다.

섹시함과 강렬함은 주목을 받아야하는 직업, 예를 들어 모델이나 배우, 큐레이터 등에게는 꼭 필요한 이미지 가운데 하나다. 박 이사처럼 일반 회사에 다니는 사람에게도 섹시함과 강렬함은 자신을 어필하는 데 큰 강점으로 작용할 수 있다. 하지만 다른 유형에 비해 약간의 실수만으로도 사무업무와는 거리가 먼, 가벼운 사람으로 인식되기 십상이다. 쉽게 말해 불성실하고 좀 노는 사람으로 비칠 수 있다. 따라서 이를 상쇄할 수 있는 또 다른 이미지를 개발하거나 상황에 맞는 적절한 비언어 커뮤니케이션을 취함으로써 이러한 오해를 사전에 없애는 게 좋다.

아울러 일반 회사에 근무하는 사람이라면 일과 상관없이 여성성이나 남성성을 강조하는 행동은 조심해야 한다. 예를 들어 여성의 힘없는 손목은 대체로 이성에게 매력적으로 비치지만, 업무 현장에서 여자가 손목을 힘없이 늘어뜨리고 있으면 신뢰성이 떨어질 뿐 아니라 그 사람의 말을 진지하게 받아들이지 않는 경향이 있다.

유명인사 중에는 모델 장윤주 씨와 홍정욱 전 국회의원이 이 유형에 속하는데, 이들은 모두 강렬한 이미지를 자신의 일과 잘 조화시키고 있다. 두 사람의 비언어커뮤니케이션을 분석해보았다. 본능적 이미지를 의지로 덧입은 모델 장윤주와 국회의원 중 유일하게 섹시한 이미지에 속한 홍정욱을 통해 강렬하고 섹시한 유형의 사람들이 소통하는 방법에 대해 알아보자.

## 섹시함에 유쾌함을 덧입히다
# 장윤주

> 섹시하고 당당한 그녀의 걸음걸이는 즉흥적으로 구현된 것이 아니라 직업적으로 철저하게 훈련된 결과물이다. 자신에게 주어진 강렬하고 섹시한 이미지를 제대로 소화하기 위해 그녀는 의지에 따라 동작을 자유롭게 연출할 수 있도록 고도로 훈련된 전문가인 셈이다.

다리를 꼬고 앉은 여성에게 남자들은 은근한 매력을 느낀다. 다리를 꼰 여성은 몇 가지 특징적인 동작이 자신을 과시하는 수단이 된다는 점을 잘 알고 있다. 상대를 바라보며 던지는 가벼운 눈짓, 테이블에 올려둔 손가락의 미묘한 움직임, 긴 머리카락을 가볍게 쓸어 넘기는 동작 등이 바로 그것이다.

남의 얘기라며 어색해할 일이 아니다. 이런 몸놀림을 다만 익숙지 않게 느끼는 것뿐이다. 매력을 발산하는 특정 움직임은 심지어 동물조차도 가지고 있다. 초원의 제왕 수사자가 화려하게 갈기를 휘두르는 것은 암컷에게 위용을 뽐내기 위함이다. 공작새가 화려한 꼬리를 펼치고, 사슴이 우아한 뿔을 뽐내는 것도 이성을 유혹하는 본능적 행위다. 마찬가지로 다리를 꼰 여성의 몸짓에서 우리는 동물적인 매력을 발산하는 본능의 순간을 엿볼 수 있다.

다리를 꼬고 손목 안쪽을 드러내는 것은 여자들이 취할 수 있는 가장 섹시한 포즈다.

## 동물적 본능과 훈련된 자신감

장윤주는 모델로서는 단신에 속한다. 국내 모델들의 평균 신장이 178~181센티미터인데 반해 그녀의 신장은 171센티미터로 작은 편이다. 비교적 크지 않은 신체조건으로 세계적인 톱모델이 된 비결이 무엇일까? 무엇이 그녀를 커보이게 만들었을까?

그것은 바로 감정을 잘 표현하는 당당한 몸짓과 매력적인 걸음걸이<sup>walking</sup> 덕분이다. 물론 그녀가 처음부터 그랬던 것은 아니다. 그녀는 대체로 6개월 만에 졸업한다는 모델학원을 무려 2년 6개월이나 다녔다. 비언어적 몸짓을 배우는 데 있어 남들보다 4배가 넘는 기간을 들인 것이다. 영특한 그녀도 이런 몸짓의 중요함을 잘 이해하고 있었다.

"무언의 드라마 속에서 아름다움을 표현할 수 있는 직업이 모델이다. 대사만 없을 뿐 모델은 연기를 하는 것이다. 몸으로 감정을 표현하는 것이 중요하다."

비언어 요소 가운데 하나인 보디랭귀지가 선천적인 것인지, 학습에 의한 것인지, 다시 말해 유전자로 전승된 것인지, 습득방법이 있는지를 놓고 아직도 많은 논쟁과 연구가 계속되고 있다. 가벼운 실험을 해보자. 두 손을 맞대고 깍지를 껴보라. 어떤 사람은 오른손 엄지가 위로 올라올 것이고, 어떤 사람은 왼손 엄지가 위로 올라올 것이다. 이 경우 평소 오른손 엄지를 위로 올려왔던 사람이 왼손 엄지를 위로 놓게 되면 어색함을 느끼기 마련이다. 유전적 성향으로 정해진 일관된 행동 양태가 존재하기 때문이다. 이렇듯 자신의 몸에 밴 보디랭귀지를 바꾸는 것은 쉽지 않다. 하지만 반복된 학습을 통해 충분히 바꿀 수 있다.

## 프로가 되고 싶다면 걸음걸이부터 확인하라

그럼 장윤주의 비언어를 구체적으로 살펴보자. 그녀는 선 자세에서는 흐트러짐 없이 허리를 꼿꼿이 세운다. 이는 공작새가 깃털을 펼치듯 무언의 언어로 상대방을 위협하는 몸짓이기도 하다. 만만히 보지 말라는 표시인 셈이다.

앉은 자세에서는 다리를 꼰 자세를 취한다. 그리고 종종 무릎 위에 두 손을 포개어 하체의 몸매가 더욱 매력적으로 보이도록 한다. 대화를 할 때는 손목 안쪽을 자주 보이는데, 이는 구애신호 가운데 하나로, 안쪽 손목은 여성의 몸에서 특히 예민하고 부드럽기 때문에 오래전부터 대단히 선정적인 부위로 여겨져 왔다. 보통의 여자들도 무의식적으로 자주 하는 몸짓이다. 이렇게 손목을 보여주거나 고개를 옆으로 기울이는 것은 여성성을 최대한 강조한 자세다. 손바닥을 보여주는 것도 관능적인 표현에 속한다.

그녀는 감정을 표현할 때 특히 눈빛과 입술을 강조한다고 한다. 아울러 멋있다는 느낌은 '자신감 있는 표정'과 '쭉 뻗은 걸음걸이'로 표현하고, 우아함은 '둔부의 미세한 율동'과 '느

허리와 골반의 대비가 명확할수록 여성성이 크게 부각된다.

린 손동작'을 통해 보여준다. 여기서 '둔부의 미세한 율동'에 주목해보자. 여자는 생물학적으로 남자에 비해 골반이 발달했고 하복부가 긴 편이다. 그래서 엉덩이를 좌우로 흔들며 걸을 수밖에 없는데, 이때 나타나는 허리와 골반의 대비가 성적인 매력을 강렬하게 부각시킨다. 따라서 허리와 둔부의 둘레가 같은 여성에게 대부분의 남성은 큰 매력을 느끼지 못한다.

모델들은 이런 대비를 극대화하도록 훈련받기 때문에 꼿꼿이 선 자세에서 골반을 옆으로 비스듬히 내밀어 여성성을 최대한 강조한다. 패션 포토그래퍼 마커스 클링코Markus Klinko는 다음과 같이 말했다.

"모델의 가치를 결정짓는 가장 큰 요소는 바로 '워킹'이다. 많은 모델들이 어떻게 걷고 어떤 포즈를 취해야 패션을 빛나게 하는지 알지 못한다. 열심히 걷기만 하고 오버액팅한다면 대형마트에서 활동하는 저렴한 모델이 될 수밖에 없다. 걸음걸이는 그 사람의 일과 능력을 보여준다. 자신이 프로인지, 아마추어인지 확인하고 싶은가? 그럼 당장 걸음걸이부터 확인하라."

## 장윤주의 소통 스타일

장윤주는 어느 자리에서든 솔직하고 당당하다. 모델답게 그녀는 눈빛으로 말하며, 몸으로 표현한다. 대중은 그녀의 눈빛을 통해 에너지를 느끼고, 그녀의 몸짓을 통해 자신 있고 당당한 여성의 아름다움을 발견한다.

하지만 이런 모습은 자칫 다가가기 힘든 인상을 낳기도 하는데, 그녀는 예능 프로그램에 출연해 옆집 언니 같은 편안하고 친근한 모습을 보임으로써 이를 중화시켰다. 그런 장윤주식 표현법은 대중으로 하여금 유쾌함과 에너지를 느끼게 하고 호감을 이끌어냈다.

:: 설문조사결과

응답자들은 장윤주의 비언어커뮤니케이션 유형에 대해 '열정적임'을 제1순위로 평가했다. 본 설문에 포함된 방송/연예인의 경우 '열정적 이미지'의 평균 점수는 5.534로 전반적으로 높은 점수를 보인 반면 '섹시함'의 평균 점수는 4.586이다. 장윤주의 경우 '열정적임'에 대한 점수도 높게 나타났지만, 방송/연예인 유형별 평균 점수를 고려했을 때 '섹시함'에 대한 평가가 상대적으로 높게 나타난 것으로 분석되었다.

| 유형 | 평균 | paired t-test |
|---|---|---|
| 열정적임 | 5.7850 | .000 |
| 섹시함 | 5.4750 | |
| 유쾌함 | 5.3900 | |
| 치밀함 | 4.6450 | |
| 우아함 | 4.5300 | |
| 부드러움 | 4.2200 | |
| 귀여움 | 4.1700 | |
| 지적임 | 4.1600 | |

| 유형 | 남(N = 100) | 녀(N = 100) | 유의차 |
|---|---|---|---|
| 열정적임 | 5.6900 | 5.8800 | Ns |
| 섹시함 | 5.5200 | 5.4300 | Ns |
| 유쾌함 | 5.1100 | 5.6700 | .000 |
| 치밀함 | 4.6000 | 4.6900 | Ns |
| 우아함 | 4.6900 | 4.3700 | .040 |
| 부드러움 | 4.2600 | 4.1800 | Ns |
| 귀여움 | 4.1300 | 4.2100 | Ns |
| 지적임 | 4.1500 | 4.1700 | Ns |

## 미국의 정치 매너를 장착하다
# 홍정욱

> 《7막 7장》의 저자로 더욱 유명한 홍정욱 전 국회의원은 가진 것이 많다. 부모에게 물려받은 빼어난 외모와 뛰어난 학력에 합리적 매너남이라는 이미지까지 구축하고 있다. 이러한 후광효과를 적절히 활용하면서 그는 자신만의 장점을 하나씩 장착하고 있다. 미디어 시대에 적합한 이미지다.

정치인은 청춘의 활력을 느낄 수 있는 인상을 갖고 싶어 한다. 국회의원들이 머리숱이 많아 보이도록 매일 머리를 손질하는 이유다. 홍정욱 의원은 언론사 대표로서든 정치인으로서든 미디어에 노출될 때 한결같이 풍성하고 잘 다듬어진 헤어스타일을 갖추고 있다. 자로 잰 듯 똑바르게 손질한 가르마와 왁싱한 듯 번쩍이는 머릿결은 건강함을 한껏 드러낸다.

또한 유명 배우의 아들이자 해외 유수의 대학을 나온 엘리트답게 셔츠의 목과 손목 부분에 1.5센티미터의 여유를 주는 글로벌 복장 에티켓을 그대로 지킨다. 여기에 광이 나는 구두와 깔끔한 정장으로 매력을 더한다.

매력적으로 보인다는 것은 강점이다. 사람들은 매력적인 사람이 분명 유능하며 유머가 있고 말도 조리 있게 할 것으로 기대한다. 특히 정치인에게 외모는 정치적 성장에 큰 영향을 미친다. 역대 미국 대통령을 살펴보면 단 3명만이 당시의 평균 신장보다 작았을 정도로 큰 사람들이 선호됐다. 링컨 대통령 역시 키가 190센티미터에 달하는 거구였다. 당장 눈에 띄지 않은 내공이나 실력과 무관한 후광효과인 셈이다.

## 텔레비전이 보여주는 후광

후광효과란 어떤 사람을 평가할 때 부분적인 속성에서 받은 인상으로 전체적인 평가를 부적절하게 일반화시키는 경향을 말한다. 첫 만남에서 형성된 인상이나 고정관념이 상대에 대한 전반적인 인상을 형성하거나 한 사람의 부분적인 업적이나 특징을 확대해석해 평가하는 것 등이다. 후광효과는 특별한 사람에게만 적용되지 않는다.

후광효과를 정치의 중요한 요소로 끌어올린 것은 바로 텔레비전이다.

미국 유학 시절부터 홍정욱은 케네디 대통령을 자신의 롤모델로 삼았다고 한다. 케네디 대통령은 텔레비전 토론을 통해 미디어 정치의 위력을 보여준 대표적 인물이다. 당시 대선주자였던 케네디는 라디오 토론에서는 상대 후보인 닉슨에게 밀렸지만 텔레비전 토론을 통해 판세를 뒤집었다. 그 후 유력 정치인의 각축을 중계하는 TV의 힘은 정치권에서 맹위를 떨치게 됐다. 텔레비전을 통해 드러나는 이미지의 강렬함이 그 사람의 모든 면을 뒤덮기 때문이다.


## 옆구리 내보이기

지난 2010년 국회에서 한나라당이 단독으로 예산안을 처리했을 당시 민주노동당 이정희 대표는 앉은 자리에서 눈물을 펑펑 쏟아냈다. 일부 여당 의원은 비아냥거렸지만 당시 홍정욱 의원은 '싸우려면 힘을 내야 한다'며 손수건을 건네 화제가 됐다.

정치인들의 행동과 몸짓은 작은 것 하나까지 모두 주목받는다. 그리고 이들은 치열한 갑론을박에 열중하는

사람들인 만큼 공격과 방어의 비언어를 많이 보일 수밖에 없다. 하지만 홍정욱은 상대를 공격하지 않고 오히려 회피하려는 몸짓을 자주 보인다. 상대의 공격을 회피하기 위해서는 먼저 공격할 의사가 없음을 내비쳐야 하는데, 대표적으로 몸을 외면하는 것을 들 수 있다. 유화적인 행동으로 자신의 측면을 상대에게 노출하는 것이다.

이는 동물적 속성이기도 하다. 초원에서 마주친 맹수들은 서로 으르렁거리다가도 싸움이 유리하지 않다는 판단이 서면 천천히 몸을 돌려 취약한 옆구리를 내비치고 도망간다.

홍정욱은 바로 그 몸짓 신호의 활용이 뛰어나다. 실제로 그는 '몸싸움하지 않는 국회 만들기' 서명을 하기도 했다.

## 홍정욱의 소통 스타일

미국 유학 당시부터 케네디를 자신의 롤모델로 삼았다는 홍정욱 의원은 초선임에도 불구하고 혈기왕성한 정치인으로서 이미지관리를 잘했다. 그에게서는 미국 정치인에게서나 찾아볼 수 있는 세련된 비언어가 많이 보인다. 케네디나 오바마 같은 미국 대통령의 대중을 끄는 비언어 커뮤니케이션을 제대로 훈련받은 것처럼 느껴진다.

아울러 그는 정치인에게 있어 미디어 파워가 얼마나 중요한지, 그래서 활동적이며 혈기왕성한 몸짓 하나가 얼마나 중요한지 너무나 잘 알고 있다. 미국의 정치인들처럼 미디어에서 자신의 후광효과를 충분히 활용할 줄 아는 정치인이다.

:: 설문조사결과

응답자들은 본 설문에 포함된 6명의 정치인 가운데 '섹시함' 항목에 있어서 홍정욱에게 가장 높은 점수를 부여했다. 정치인의 경우 섹시함에 대한 평균 점수가 전반적으로 낮은 편인데 홍정욱은 유일하게 평균(4점) 이상의 점수를 받았다.

| 순위 | 인물 | 평균 |
| --- | --- | --- |
| 1 | 홍정욱 | 4.0950 |
| 2 | 안철수 | 3.1050 |
| 3 | 문재인 | 3.0150 |
| 4 | 손학규 | 2.9000 |
| 5 | 반기문 | 2.8400 |
| 6 | 박근혜 | 2.4650 |

생각해보기 7

## 퍼스트레이디의 패션

전 세계 영부인들의 옷차림을 눈여겨본 적 있는가? 고급스러운 질감에, 명품 디자이너의 손길이 느껴지는 흔치 않은 디자인, 그리고 세련된 컬러까지 아름답기 그지없다. 하지만 그들의 패션은 단순히 보이기 위한 옷차림이 아니다. '국모'의 위치에 따른 이미지를 상징한다.

재클린 케네디는 31세라는, 미국 역사상 가장 어린 나이에 퍼스트레이디가 되었다. 백악관에 입성한 그녀는 레드, 오렌지, 옐로, 핑크, 블루 등 밝은 색상의 옷을 착용함으로써 무겁고 딱딱했던 백악관에 활력을 불어 넣었다.

사실 재클린은 대학 시절 미국의 <보그>지 주최로 열린 공모전에서 1등에 당선됐을 만큼 패션감각이 뛰어났다. 그녀는 퍼스트레이디가 입었던 전형적인 워싱턴 스타일의 드레스를 거부하고 7부 소매의 프랜치 정장을 즐겨 입었으며, 군더더기 장식이 없는 깔끔한 컬러 드레스에 진주목걸이와 흰 장갑으로 포인트를 준 감각적인 패션을 선보였다.

그녀의 패션은 '재키 스타일'이라는 신조어를 낳았고, 뉴스의 톱을 장식할 만큼 큰 화제가 되었다. 기자들을 피해 얼굴을 가리고자 착용한 커다란 선글라스마저 유행이 될 정도였다.

또 다른 패션니스트는 다이애나비다. 다이애나비는 재클린과는 또 다른 면으로 주목받았다. 그녀는 황태자비답게 단아하고 우아한 스타일을 선호했다. 또한 시간과 장소, 목적에 맞는 옷을 적절히 잘 입었다. 그녀는 특히 기부와 자선사업에 열중하는 자애로운 모습으로 대중의 사랑을 한 몸에 받았는데, 자선활동 중에는 흰색 셔츠와 짙은 색의 스커트 여기에 네이비 컬러(짙은 푸른색)의 재킷을 즐겨 입으면서 실용적이고 합리적인 이미지를 선보였다.

마지막으로 오바마 대통령의 부인인 미셸 오바마는 자신과 두 딸을 위해 미국의 대중적인 브랜드 제이크루J.Crew를 즐겨 구입함으로써 대통령의 가족도 서민들과 같은 옷을 입는다는 동질감을 주었다. 중요한 자리에는 '제이슨 우JASON WU', '타쿤Thakoon' 등 미국에서 활동하는 젊은 아시아계 디자이너의 옷들을 착용함으로써 유색인종 대변에도 앞장서고 있다.

| 8장 |

## 사랑스럽고 귀여운 사람들의 소통법

# 柔 + 樂

최단기 진급을 할 정도로 실력이 뛰어난 대기업 전략기획팀의 최 과장은 나이를 읽어내기 어려울 정도로 동안이다. 처음 그녀를 만났을 때 30대 중반이라는 말에 놀라지 않을 수 없었다. 이제 40대가 된 그녀는 아직도 20대 후반의 아가씨처럼 앳돼 보인다.

그녀는 목소리 톤이 높고, 말을 할 때는 발음을 다소 굴리는 듯하며, 몸짓은 애교 그 자체다. 그녀의 트레이드마크는 고개를 살짝 내리고 입을 앙 다문 채 장난기 어린 표정으로 상대를 올려다보는 것인데, 정면보다는 옆에서 바라보는 것을 즐긴다. 걸음걸이는 고양이처럼 사뿐사뿐하며, 당황스럽거나 무안하면 손가락으로 상대방을 꾸욱 찌르며 눈빛으로 이야기한다.

상담을 하기 위해 처음 나를 찾아왔을 때 그녀는 헤어밴드를 한 긴 생머리에 러플이 달린 블라우스와 플래어스커트를 입고, 검은 리본에 흰 진주가 달린 코사지로

라운딩 처리된 무척 여성스러운 가디건을 두르고 있었다. 수첩은 분홍색이었으며 볼펜 끝에 달린 키티가 앙증맞았다. 평소 귀여운 액세서리를 선호하는 듯했다.

### 사랑스럽고 귀여운 사람들의 특징

최 과장처럼 귀여운 이미지의 사람들은 부드럽고 유쾌한 속성을 동시에 갖고 있으며, 주변 사람과의 관계를 중요시 한다. 이들은 낭랑하고 경쾌한 목소리 톤에 애교가 많아서 어디서나 사랑을 받는다. 화사한 색감의 옷차림을 즐기며 앙증맞은 액세서리를 활용해 귀여움을 더한다.

이러한 유형의 사람들을 누군가를 위협하거나 궁지로 몰지 않지만, 반대로 필요할 경우 쉽게 제압되거나 무시될 수도 있기 때문에 어떠한 유형보다 보호본능을 자극한다. 특히 복종을 연상시키는 비언어커뮤니케이션이 잦은데, 예를 들어 고개를 살짝 숙인 채 커다란 눈망울을 들어 주위 사람들을 바라보면서 입술을 다문 채 수줍게 미소 짓는 경우가 그렇다. 고개를 숙인 채 눈을 위로 뜨는 자세는 어린아이의 모습에 가깝기 때문에 복종의 몸짓으로 비치며 보호본능을 자극한다.

또한 이들은 대체로 어린 시절 부모님의 스킨십을 많이 받고 자랐으며, 개인 공간 중 서로 속삭이고 접촉하는 '친밀 영역'에 대한 거부감이 적어 자연스럽게 상대방에게 가까이 다가간다.

### 놀 때는 유쾌하지만, 나이 값 못하는 사람으로 비칠 수도

아이처럼 해맑은 인상에다 싹싹하게 일을 잘해 부서에서 인정받던 최 과장은 과장 진급 이후 다른 계열사로 발령을 받으면서 고민하기 시작했다. 직장 동료들에게 의견을 들어보니 일할 때 그녀는 평소와 달리 차가울 정도로 똑 부러진다고 했다. 프로다운 모습이다.

그런데 나이가 들면서 치고 올라오는 똑똑한 후배들 때문에 그녀는 조금씩 스트레스를 받기 시작했다. 게다가 함께 일해보지 않은 부서 사람들은 그녀의 개인적인 취향에 대해서도 수군거리기 시작했다. 직책과 나이에 걸맞지 않은 옷차림은 물론, 그동안 아무 문제없었던 귀여운 말투와 몸짓까지 전부 도마 위에 올려놓고 뒷담화하기 시작한 것이다. 인간관계를 중요하게 생각하는 그녀로서는 신경이 쓰이지 않을 수 없었다. 더 중요한 것은 여성이기 때문에 진급에서 불이익을 당한 것이었다. 그녀가 다른 계열사로 발령 난 이유도 이런 사내 분위기와 무관하지 않다. 결국 그녀는 사표를 내고 창업을 결심했다.

개인적으로 알고 지내던 그녀가 상담을 하기 위해 나를 찾아왔을 때는 퇴사를 한 직후였다. 학원 창업을 준비 중이었는데, 나는 그녀가 현명한 사람이고 스타일링이나 패션에 대해서는 나보다 훨씬 더 잘 알고 있었기 때문에 방향만을 제시해주기로 했다.

일반적으로 비즈니스를 하는 사람은 연차와 직위가 높아질수록 타인이 바라보는 나에 대해 생각해보지 않을 수 없다. 게다가 이제는 직장인이 아닌 학원장이기 때문에 자신을 하나의 브랜드라고 생각해야 한다. 브랜드는 타인의 평가에 의해 가치가 달라질 수 있다.

그래서 나는 그녀에게 개원하려고 하는 지역의 학부모나 학생들이 바라는 학원장 상(想)이 어떠한지, 그리고 그 학원장 상에 걸맞도록 어떠한 장점을 살리는 것이 좋을지 고민해보라고 코칭해주었다. 학원생들의 트렌드를 읽고, 어린 그들과 아무래도 세대차이가 없는 것이 좋기 때문에 그녀의 귀여운 이미지는 학생과의 소통에 있어 강점으로 작용할 것 같았다.

하지만 강사 관리와 학부모 상담 시에는 신뢰를 주는 카리스마가 필요하므로 앙증맞은 액세서리 착용이나 귀여운 말투 사용은 자제하라고 당부했다. 귀여운 이미지는 쉽게 눈물을 보이며 감정적으로 업무를 처리할 것 같다는 오해를 쉽게 받기 때문이다. 현재 그녀는 2개의 분원을 운영하는 훌륭한 사업가로서 성공궤도를 달리고 있다.

유명인 중에는 비서계의 대모 전성희 이사와 배우 최강희가 이 유형에 속한다. 이 두 사람의 비언어커뮤니케이션을 분석해보았다. 반복적인 이미지 구현으로 자기 브랜드를 만들어낸 전성희 이사와 순종적 귀여움을 창출한 배우 최강희를 통해 사랑스럽고 귀여운 사람들이 소통하는 방법에 대해 알아보자.

# 변화보다 강력한 일관성
# 전성희

> 전성희 이사는 70세의 나이에 현직에서 뛰고 있는 국내 최고령 비서다. 아직까지 그녀는 손수 커피를 타고, 은행에 가고, 필요하면 구두 닦는 곳까지 달려간다. 30여 년 동안 옷차림과 헤어스타일 등의 외형적 패턴을 일관되게 유지하면서 그녀는 누구도 따라할 수 없는 자신만의 캐릭터를 만들어냈다.

이미지의 홍수 시대다. 많은 사람들이 이미지 변신을 시도하고 변화하기 위해 노력한다. 특히 연예인이나 정치인 같이 대중의 평가가 중요한 직업군의 사람들은 필수적으로 새로운 이미지를 만들기도 한다. 이런 시대 흐름 속에 조용필이나 이선희처럼 기존에 형성된 이미지를 꾸준히 관리하면서 장수하는 사람도 있다. 하나의 이미지를 잘 유지하는 것은 새로움을 추구하는 것보다 훨씬 더 어렵다.

일관된 이미지 구축은 분명 가치 있는 투자다. 아울러 각 분야 전문가들에게는 상당 부분 필요한 일이다. 일반적으로 전문가들은 자신이 속한 분야에서 인정받는 게 중요하다. 여기에는 당연히 실력이 작용하지만, 일과 관련해 자신의 캐릭터에 부합하는 이미지를 형성하는 것 또한 무시할 수 없다. 그런데 이 경우 새로운 변화를 추구하지 않고, 몇 가지 비언어적 표현을 꾸준히 유지하는 것만으로도 효과적인 이미지를 구축할 수 있다. 오히려 일관된 외적 표현이 비주얼임팩트$^{Visual\ impact}$를 주고, 자신만의 색이 있는 전문가로 자리 잡게 한다.

## 반복적 이미지의 구현

전성희 이사의 이미지가 대표적이다. 일단 그녀의 목소리는 매력적이다. 70대에 가까우면서도 그녀의 목소리는 여전히 20대 여성의 낭랑하고 경쾌한 느낌을 준다. 전성희 이사와 통화를 하고 방문한 사람 중에는 그녀를 알아보지 못하는 경우가 많다고 한다. 만나서 대화할 때는 목소리 톤이 달라지기 때문이다. 그녀는 고음과 저음을 적절히 활용한다. 고음의 목소리는 활기차고 친절한 이미지를 전달하고, 저음의 목소리는 유능한 이미지와 신뢰감을 준다.

전성희 이사는 우리가 드라마에서 보던 젊고 날씬한 여비서와는 거리가 멀다. 옆집 아줌마처럼 편안한 몸매에 보통의 키를 가졌을 뿐이다. 하지만 그녀는 고령의 나이에도 변함없이 새벽 6시에 출근해 커피 내리는 일부터 시작한다. 30년 동안 같은 회사에서 오직 한 사람만을 수행해온 비서계의 대모는 이렇게 말한다.

빨간 립스틱과 화려한 색감의 정장, 그리고 짧은 헤어스타일은 30년 동안 유지해온 그녀의 트레이드마크다.

"커피 타는 것은 결코 하찮은 일이 아니다. 커피를 나르는 것은 우리 회사의 이미지를 나르는 것과 같다."

그녀의 첫인상은 강렬하다. 30년 동안 지켜온 빨간 립스틱에 짧은 단발머리는 이제 그녀의 트레이드마크가 됐다. 아직 젊고 할 수 있는 일이 많은 열정적인 사람이라고 말하는 듯하다. 그녀는 "겉치레보다는 실용적인 게 일하는 데 도움이 된다"고 말한다. 여성스러움으로 다가서기보다는 어디든 3초 안에 달려갈 준비가 되어있는 직장인의 이미지를 추구하는 모습이다.

사실 그녀의 헤어스타일은 엉뚱하게 시작됐다. 첫 딸을 낳은 뒤 어깨 위에서 찰랑거리는 머리가 신경 쓰여 자른 것이다. 이상하다는 주변 사람들의 반응에도 그녀는 계속 그 헤어스타일을 유지했다고 한다.

짧은 헤어스타일에서 실용적인 성격을 엿볼 수 있다면, 빨간 립스틱과 화사한 색감의 정장은 그녀를 밝고 정열적인 사람으로 보이게 한다. 보통 여성들이 화장에 쏟는 시간은 평균 1시간 안팎인데 반해, 그녀가 화장하는 데 들이는 시간은 5분 정도에 불과한데, 그만큼 손발이 빠르기 때문이다.

얼핏 보면 별 것 아닌, 몇 가지 외형적 장치에 불과하지만, 그녀는 이를 30여 년 동안 유지하면서 자신만의 캐릭터로 만들었다. 그녀의 말이 인상적이다.

"캐릭터라고 하는데, 이 짧은 머리는 우리 딸아이와 똑같이 35년 된 것이고, 생기 있어 보이도록 빨간 립스틱을 발랐으며, 밝게 보이기 위해 화려하게 입은 것뿐이다. 이 3가지를 사람들은 캐릭터라고 한다."

## 전성희의 소통 스타일

그녀는 일관되게 자신의 이미지를 구축해온 비서계의 대모다. 짧은 헤어스타일이나 붉은 립스틱과 같은 외형적 측면과 함께 전문 비서에 걸맞은 목소리를 30년 동안 유지하면서 그녀는 자신만의 캐릭터를 만들어냈다. 이런 일관된 이미지는 그녀에 대한 신뢰를 높이고 전문가로서 인정받게 한다. 현재 그녀의 나이 70세. 여자 나이 70세에 비서로서 활동할 수 있는 수많은 이유가 있겠지만, 일관성 있는 비언어적 의사소통을 빼놓을 수 없다. 30년 전과 변함없이 유지되어 온 그녀만의 캐릭터와 애교스러운 목소리는 나이든 비서라는 이미지를 잠시 잊을 수 있게 하는 요인이 되지 않았을까? 초등학생 때 친구를 보면 그때의 모습이 떠오르는 것처럼 말이다.

# 복종적 몸짓의 승화
## 최강희

> 최강희는 어린아이 같은 복종적 몸짓으로 대중의 마음을 사로잡는다. 그녀는 어떤 배역을 맡아도 귀여움을 덧입혀버리는 엄청난 소화력을 지녔다. 귀여움은 상대를 위압하지 않는 순종적 형상에서 비롯된다.

KBS라디오 <볼륨을 높여요>의 기획특집 편에 출연해 최강희를 직접 만난 적이 있다. 두건을 둘러쓴 짧은 머리에 화장을 하지 않아도 뽀얀 얼굴과 큰 눈이 매력적이었다. 보이지 않는 곳에서도 청취자와 대화하면서 박수치고 '꺄르르' 웃는 모습이 귀엽고 사랑스러웠다.

연기자답게 그녀의 표정은 매우 다채로웠다. 입 안에 바람을 가득 담아 볼 풍선을 만들고 눈을 질끈 감은 표정, 혀를 내밀고 눈은 반쯤 감은 장난기 어린 얼굴. 30대 중반의 연기자가 귀엽다는 평가를 받는 것이 매우 이채롭다. 하지만 그녀를 '동안'으로 구분하는 이유는 단순히 외모 때문만은 아니다. 비언어에 힘입은 바 크다.

## 순종적 귀여움의 창출

인간은 누구나 두려움을 갖고 있다. 귀여움은 두려움을 녹인다. 귀여움은 상대를 위협하거나 궁지로 몰지 않으며, 필요한 경우 제압되거나 무시될 수도 있는 이미지다.

최강희의 가장 전형적인 표정은 고개를 살짝 숙이고 눈을 들어 주위 사람들을 쳐다보면서 입술을 다문 채 보이는 수줍은 미소다. 흥미롭게도 이는 '복종을 뜻하는 비언어커뮤니케이션'의 전형이다. 비밀을 감춘 듯 고개를 숙이고 쳐다보는 장난기 넘치는 표정은 어린아이를 닮아 보호본능을 자극하고, 커다란 눈망울이 강조되면서 남자들은 매력을 느낀다.

목을 드러내는 자세 역시 보호본능을 자극한다. 목 부위가 인간의 동물적인 약점, 급소에 해당하기 때문이다. 여린 미소도 보호본능을 자극하는데, 세계적으로 사랑받았던 영국의 고 다이애나 황태자비가 즐겨 구사했던 비언어이기도 하다. 다이애나비가 영국 황실과 불편한 관계에 놓였을 때 그 미소는 전 세계의 여론을 그녀의 편으로 만드는 데 지대한 역할을 했다.

최강희는 영화 <째째한 로맨스>에서 섹스 칼럼니스트를 연기했는데, 역할이 그렇다 보니 엽기적이고 야한 대사들을 스스럼없이 내뱉는

고개를 살짝 숙이고 눈을 들어 미소를 짓는 것은 '복종'을 의미한다. 귀여운 이미지는 결국 복종적 비언어에서 발전한 것이다.

다. 하지만 어느 관객도 그녀가 섹시하거나 음란하다고 생각하지 않는다. 단지 영화의 만화적인 성격 때문만은 아니다. 아무리 독한 내용도 그녀를 거치면 유쾌해진다. <째째한 로맨스>에서 야한 대사를 읊고, 영화 <달콤 살벌한 연인>에서는 부엌칼을 집어 들었으며, 영화 <애자>에서 담배를 피웠지만, 그녀는 자신이 자극적인 부분을 순화시켜주는 도구로 활용된다는 점을 정확히 이해하고 있다.

"걱정은 걱정대로 하면서도 대본을 손에서 못 놓고 궁리하다가 결국엔 나를 설득했죠. '최강희! 그래, 대놓고 귀여운 거 한 번 해보자! 여태껏 슬쩍슬쩍 귀여웠잖아.'"

깜찍하고 발랄하고 엉뚱하고 사랑스러운 '소녀'의 이미지를 가진 그녀는 이 영화들을 통해 자신만의 이미지를 찾은 듯하다.

## 최강희의 소통 스타일

누구나 인정하듯 최강희는 귀엽고 사랑스럽다. 그녀는 모자나 두건 등의 액세서리를 통해 이러한 이미지에 시너지효과를 낸다. 하지만 그녀의 귀여운 이미지는 주로 몸짓에서 비롯된다. 앞서 살펴보았듯이, 귀여움은 복종의 몸짓을 통해 드러나고, 복종의 몸짓은 사람들에게 보살펴주고 싶은 욕구를 불러일으킨다. 그녀가 대중의 사랑을 오랫동안 받는 이유다.

:: 설문조사결과

응답자들은 최강희의 비언어커뮤니케이션 유형에 대해 귀여움을 제1순위로 평가했다.

| 유형 | 평균 | paired t-test |
|---|---|---|
| 귀여움 | 5.6300 | .000 |
| 유쾌함 | 5.2700 | |
| 열정적임 | 5.0100 | |
| 부드러움 | 4.7150 | |
| 섹시함 | 4.5700 | |
| 우아함 | 4.1900 | |
| 지적임 | 4.0800 | |
| 치밀함 | 3.8250 | |

| 유형 | 남(N = 100) | 녀(N = 100) | 유의차 |
|---|---|---|---|
| 귀여움 | 5.5100 | 5.7500 | Ns |
| 유쾌함 | 5.1700 | 5.3700 | Ns |
| 열정적임 | 4.9500 | 5.0700 | Ns |
| 부드러움 | 4.6600 | 4.7700 | Ns |
| 섹시함 | 4.7900 | 4.3500 | .012 |
| 우아함 | 4.3000 | 4.0800 | Ns |
| 지적임 | 4.1700 | 3.9900 | Ns |
| 치밀함 | 3.8200 | 3.8300 | Ns |

에필로그

# 유창한 언변에 목숨 걸지 마라

　검찰, 경찰, 판사, 기자들은 상대방의 세련된 이미지에 속지 않기 위해 노력한다. 그들의 매력에 빠지면 자칫 그릇된 판단을 할 수 있기 때문이다. 우리도 계약, 협상, 심지어 결혼 상대를 구할 때 현란한 몸짓언어나 이미지를 보며 상대방의 진실성을 의심하는 경우가 있다. 진실한 마음이 중요한 시대지만, 한 사람의 진정성을 알아내기란 결코 쉽지 않다.

　나는 사업을 하던 중 큰 사건을 겪고 잠시 가벼운 실어증 증상을 겪은 적이 있다. 말하는 직업을 가진 내게는 정말이지 심각한 상처 후유증이 아닐 수 없었다. 적지 않은 자금이 관련되기도 했지만, 무엇보다 믿었던 사람에 대한 충격이 컸다.

　그 사건 이후 나는 화려한 언변에 속지 말아야 하며, '누구를' 믿느냐가 아니라, '무엇을' 믿는지가 중요하다는 교훈을 얻었다. 그리고 이것이 이 책을 쓴 목적이기도 하다. 나와 비슷한 일을 겪었던 사람들은 더 이상 상대방의 말만 듣고 판단하지 않는다. 말과 행동이 일치하는지 살피고, 상황 안에서 진실을 읽어내기 위해 노력한다.

하지만 본질에 접근할 때는 반드시 조심해야 한다. 상대방을 분석하고 관찰하는 순간 관계가 불편해지고, 진정한 소통이 어려워져 더 힘들어질 수 있기 때문이다.

이 책을 통해 독자들에게 말하고 싶은 것은 첫째, 상대방이 여러분을 제대로 판단하게 하는 것이고 둘째, 여러분도 상대방의 본심을 제대로 파악하는 것이다. 그래야만 올바른 소통이 이루어질 수 있기 때문이다.

마케팅 분야의 일인자이자 '마케팅의 아버지'라 칭송받는 필립 코틀러는 이 책이 탄생하는 데 큰 영감을 주었다. 2010년 그는, 이미지 변신으로 인지도를 확대하고 퍼스널 브랜드를 구축하는 일이 보편적 현상으로 자리 잡았다고 말하며, 사람들이 자신을 제대로 파악할 수 있는 방법을 소개한 책《퍼스널 마케팅》을 출간했다. 이 책에서 그는 다음과 같이 말한다.

"오늘날의 글로벌 커뮤니케이션 세상에서는 퍼스널 브랜드의 극대화만이 성공에 이르는 지름길이다. 과거 히긴스 박사가 시골처녀를 아름다운 귀부인으로 변신시킨 것과 달리, 이제는 명성을 얻기 위해 더욱 정교하고 과학적인 프로세스를 밟아야 한다. 이미지 변신의 기본원칙은 시장, 청중의 기대, 문화 트렌드의 변화에 대응하는 것이다. 자신의 정체성을 퍼스널 브랜드에 녹인 후, 브랜드의 세련화, 실현, 유통이라는 프로세스를 통해 브랜드를 청중에게 전달해야 한다. 시장영역을 지속적으로 살피고, 변화된 트렌드에 발맞추고, 완전한 이미지 변신을 할 때 비로소 이름값과 몸값이 올라간다."

매력적인 퍼스널 브랜드는 노력으로 충분히 만들 수 있다. 누구나 자신만의 색깔과 소통법을 가지고 있기 때문이다. 나는 메라비언 법칙을 통해 이미지의 원천인 비언어커뮤니케이션을 이해하고 개발하는 방법을 알려주고 싶었다. 이를 통해 효과적으로 소통하는 데 도움이 되길 기대해 본다.

이 책을 완성하기까지 우여곡절이 참 많았다. 많은 시간이 투자되었고 가족의 희생도 뒤따랐다. 1년 여간 마음 편히 작업할 수 있도록, 나를 믿고 늘 곁에서 물심양면으로 지원을 아끼지 않은 가족에게 진심으로 사랑한다는 말을 전한다. 또한 내 편이 되어 주고 배려해주고 응원하며 이 책을 기다려 준 많은 지인들에게도 고마움을 전하고 싶다. 더불어 이 책이 세상의 빛을 볼 수 있도록 애써주신 위즈덤하우스 식구들에게 감사의 말을 전한다.

2012년 7월 여의도 연구소에서
허은아

부 록

이미지관리와 비언어커뮤니케이션

부록 1

# 이미지전략의 비밀

## 가케무샤*의 씁쓸한 기억

2011년 8월, 국회에서 검찰총장 후보자에 대한 인사청문회가 열렸다. 대검찰청 홍보 자문위원이었던 나는 한 후보자의 총체적인 이미지컨설팅을 맡게 되었다. 인사청문회는 비교적 성공적으로 마무리되었다. 하지만 나는 청문회에 나선 야당 의원들로부터 따가운 눈총을 받았다.

> 한상대 검찰총장 후보자, 컨설팅회사 불러 "청문회 대비 리허설했다."
>
> 야당, "소위 가케무샤인 대역까지 동원"했다며 비판
>
> '결정적 한방' 없었던 검찰총장 청문회, 대역 둔 사전 리허설 화제

---

* 가케무샤 : 일본 전국시대에 적들의 암살시도에 대비해 지도자들은 자기와 비슷한 모습의 부하를 두었는데, 이들을 가케무샤라고 한다.

당시 박지원 민주당 원내대표는 청문회 리허설 과정에서 법사위원인 박영선 의원의 대역을 내가 소화한 것을 두고 "가케무샤까지 동원했다"고 언급하기도 했다. 평소 알고 지내던 기자들에게서도 전화가 쇄도했는데, 청문회 같은 민감한 컨설팅은 보안이 생명이라 나는 매우 난처한 상황이 돼버렸다.

정치적 이슈로 변질되면서 이미지컨설팅 자체가 부적절한 것 같은 인상을 줬던 점은 안타깝지만, 이 일을 계기로 이미지전략가나 이미지컨설턴트의 역할에 대해 고민해보게 된 것은 그나마 다행이라는 생각도 든다. 한 민주당 고위 관계자는 이런 식으로 유감을 표명했다.

"컨설팅회사의 자문을 받아 대역까지 써서 청문회 리허설을 했다고 시인했는데, 짜인 각본대로 매끄럽게 답변하는 것을 보며 찜찜함을 지울 수 없었다. (중략) 국민들은 다소 서툴더라도 진정성을 갖고 책임 있게 답변하는 검찰총장을 원한다. 이 사실을 한 후보가 모르는 것 같아 안타까웠다."

그런데 여기에는 이미지컨설팅에 대한 오해가 있는 것 같아 이 기회를 빌어 밝혀두고자 한다.

청문회를 처음 겪는 후보자들은 청문회장에서 난생 처음 수많은 카메라와 조명 세례를 받는다. 국회의원들은 저돌적인 공격수로 돌변한다. 이런 낯선 환경에서 후보자들은 평소와 달리 긴장하고 당황하게 돼 본인의 당당한 소신과 입장을 개진하기 어려워진다. 청문회 리허설은 이에 대비해 최대한 현장과 흡사한 분위기로 시간까지 정확히 맞춰서 진행된다. 사실을 감추고 포장하기 위한 연습이 아니라, 본인의 장점을 솔직하게 표현하기 위한 노력이다.

이미지전략가로서 내가 청문회 컨설팅을 하는 목적은 엄밀히 말하면 후보자의 청문회 통과가 아니다. 의뢰인의 이미지가 손상되지 않도록 돕는 것이다. 요즘 같이 사생활을 낱낱이 추궁당하는 분위기에서 후보자들은 철저한 검증이라는 이름 아래 심각한 이미지 실추를 감수한다. 물론 고위 공직자로서 엄격한 신상 관리는 기본이지만, 상처받고 찢겨진 리더의 모습으로는 청문회를 통과한다고 해도 조직 구성원들로부터 충분한 존중을 이끌어내기 어렵다.

## 이미지관리는 선택이 아닌 필수

청문회 리허설 사례처럼 이미지컨설팅 Image consulting 은 실체 true nature 를 숨기기 위한 것이라는 오해를 하는 경우가 종종 있다. 하지만 이미지컨설팅은 오히려 실체를 밝히는 것이다. 수많은 분석 자료를 통해 개인의 강·약점을 찾아 그들이 하나의 브랜드로서 자리매김할 수 있도록 돕는 것이다. 이러한 이미지관리는 역대 정치인에서부터 시작되어 현대의 취업준비생까지 유용하게 활용되고 있다.

이미지전략가 image strategist 인 나는 대중으로부터 관심과 사랑을 받고 싶어 하는 의뢰인들의 이미지를 포착하고, 분석하고, 매력을 찾아 그들 자신만의 색을 찾아주는 일을 한다. 이를 흔히 PI$^{Personal\ Identity}$ 컨설팅이라고 부르는데 의뢰인의 철학, 비전, 라이프스타일, 주변의 평가, 언론활동 등을 다각도로 분석한 다음, 시각적 효과$^{Visual\ impact}$를 보이고$^{Appearance}$, 행동하고$^{Behavior}$, 의사소통하는$^{Communication}$ 과정에서 최선의 이미지전략을 채택하게 된다.

## TV 시대, 연예인이 급부상하다

케네디와 닉슨의 TV토론 이후 영상산업이 급격히 발달하면서 연예인이 대거 등장했다. 처음 연예인들은 눈에 띄기 위해서만 노력하다가 점차 자신만의 이미지를 하나씩 구축해갔다. 자신에게 어울리는 이미지를 잘 구축한 연예인은 크게 성공했고 스타의 반열에 올랐다. 대표적인 인물이 오드리 햅번, 그레이스 켈리, 마릴린 먼로다. 3명 모두 비슷한 시기에 태어나 한 시대를 풍미했으나 이들이 구축한 이미지는 완전히 달랐으니, 여성들이 가장 동경하는 이미지, 즉 청순, 우아, 섹시다.

요즘의 아이돌 가수들은 이미지 구축에 그치지 않고, 새로운 노래를 발표할 때마다 콘셉트를 바꾸며 이미지 변화를 시도한다. 그들에게 콘셉트 변화가 중요한 이유는 무엇일까?

좀 더 강한 포지셔닝$^{positioning}$으로 충성도 높은 팬층을 확대하려는 전략이다. 음반시장은 빠르게 변화하고 있고, 팬들도 성장한다. 따라서 그들의 충성도를 지속적으로 높이기 위해서는 통합 마케팅 커뮤니케이션이 필요하고 그 안에서 그들만의 핵심 콘셉트로 의사소통을 해야 한다.

노래 분위기와 가수의 이미지가 통합되면 시장에서 반응이 나타난다. 특히 소녀에서 숙녀로, 소년에서 청년으로 가장 급격한 변화를 추구할 때 비언어적인 요소들은 절대적이다. 의상의 색깔이나 메이크업 및 표정, 무대 매너, 제스처 등을 보고 특정 가수나 노래가 떠오른다면 성공적이라고 볼 수 있다.

**소녀시대의 이미지관리**

소녀시대가 앨범 콘셉트에 따라 어떻게 이미지 변신을 시도했는지 살펴보면 이해가 쉬울 것이다.

소녀시대는 첫 번째 앨범 '다시 만난 세계'를 발표하면서 교복 느낌이 나는 의상을 통해 소녀들의 풋풋함을 선보였다. 폭발적인 반응을 일으킨 'GEE'를 부를 때는 스키니를 입어 여성성을 부각했으며 컬러풀한 의상으로 발랄함도 강조했다. 연이어 '소원을 말해봐'를 부를 때는 제복을 연상시키는 상의에 핫팬츠를 입고 나와 여성성에 섹시함까지 보여주었다. 'Oh'로 활동할 때는 치어리더의 복장을 선보임으로써 성숙한 모습으로의 변신만 시도하지 않는다는 것을 보여주었다. 이후 'Run Devil Run'을 발표하면서 멤버 전원이 블랙 의상에 스모키 메이크업을 하고 나와 카리스마와 함께 다시 성숙한 이미지를 물씬 풍겼다.

### 다시 만난 세계

* 교복 느낌이 나는 의상과 니삭스, 그리고 운동화를 매치함으로써 소녀의 이미지를 강화함
* 내추럴 메이크업으로 순수함을 강조
* 각자의 개성이 묻어나는 헤어스타일(효연은 댄스가 특기인 만큼 노란색 헤어로 개성 강조)
* 고개를 밑으로 숙이고 눈을 위로 올린, 보호본능을 자극하는 표정을 통해 오빠팬 강화
* 팔과 다리를 많이 움직이는 댄스를 선보여 활동적이고 쾌활한 이미지 연출

### GEE

* 스키니를 입어 한층 날씬한 몸매 강조(소녀에서 여자로)
* 컬러풀한 의상 착용
* 킬힐을 신어 다리선 강조
* 오른손을 올리고 골반을 움직이는 댄스로 귀여움과 색다른 생동감 연출

### 소원을 말해봐

* 제복을 연상시키는 상의와 핫팬츠를 입어 섹시하고 당당한 이미지로 변신
* 각기 다른 모자를 매치해 멤버들의 개성 강조
* 다리를 강조하는 춤을 통해 날씬하고 건강한 다리선 강조

### Oh

* 치어리더의 복장을 통해 계속 성숙하게만 변신하지 않음을 보여줌
* 가수들의 일반적인 변화방식을 따라가지 않음
* 펑키한 헤어스타일을 통해 명랑한 이미지 발산
* 무대 위에서 귀여운 표정을 많이 연출
* 하이힐에서 부츠로 전환해 스포티한 이미지 표출

### Run Devil Run

* 전체 콘셉트를 블랙으로 설정해 심플한 블랙의상 착용
* 섹시한 이미지보다는 여성들을 대변하는 언니의 느낌
* 스모키 메이크업으로 카리스마와 성숙한 이미지를 함께 표출
* 춤출 때 역동감이 느껴지도록 스트레이트 헤어 선택(써니는 작은 키를 웨이브 헤어로 보완)

**가수가 있는 곳에 인사가 있다**

가수들의 인사법에는 뭔가 특별한 것이 있다. 특색 있는 인사법은 팬들에게 또 다른 즐거움을 준다. 90년대까지만 해도 가수들은 특별한 인사법 없이 간단한 자기소개가 전부였다. 하지만 최근에는 새롭게 등장하는 가수가 워낙 많다보니 차별화된 인사법이 불가피해졌다. "안녕하세요~"로 시작되는 단순한 인사에서부터 약간의 행동을 곁들인 단순형 인사, 그리고 여기서 조금 더 발전해 음의 높낮이나 강약을 활용한 비트형 인사까지 등장했다. 이렇게 인사를 하게 되면 특정 단어에 강세가 들어가 듣는 사람이 그 이름을 쉽게 외운다. 최근에는 대부분의 가수들이 그룹 이름 앞에 수식어를 붙이는 수식형 인사를 하고 있다.

그렇다면 가장 효과적인 인사법은 무엇일까? 역시 손동작을 이용한 것이다. 심리학자들의 연구결과에 따르면 손바닥을 보여주면 설득력이 84% 높아지고 손등을 보여주면 52%가 높아진다. 손가락을 펴서 손동작을 보여주면 설득력을 28% 높일 수 있다. 최고의 인사법을 구사한 대표적인 그룹으로는 '수퍼주니어'가 있다. '수퍼주니어예요~'라는 말과 함께 멤버들이 보여주는 자세는 궁금증을 유발하면서도 자연스러운 리듬감 때문에 또 듣고 싶다는 인상을 강하게 남긴다.

**헤어스타일로 달라지다**

스키장에서 긴 생머리의 여성을 보고 뒤쫓아 갔는데 알고 보니 머리를 기른 중년 남성이더라는 내용으로 큰 웃음을 안겨준 TV광고가 있었다.

2010 남아공월드컵을 앞두고 대한민국 대표팀의 평가전이 열렸다. 기분 좋게 승리를 거둔 그날, 더욱 화제가 된 것은 박지성 선수의 새로운 헤어스타일이었다. 당시 유행하던 TV드라마 <꽃보다 남자>의 '구준표'식 헤어스타일이었다. '파마' 머리는 훈련 때문에 몇 주 동안 머리에 손을 대기 어려운 선수 입장에서 찾은 대안이었는데, 여기에 유행을 따른 패션감각까지 선보였으니 일석이조인 셈이다.

이미지의 절반은 헤어스타일로 결정된다. 패션 아이콘이 된 이효리의 경우 완벽한 무대연출을 위해 머리끝부터 발끝까지는 물론, 심지어 머리카락까지 세심히 점검한다고 한다. 퍼포먼스performance형 가수인 이효리 입장에서는 곡의 분위기나 콘셉트를 표현하는 것이 대단히 중요하기 때문이다.

2인조 그룹 '노라조'는 일명 '종교 통합 머리'로 화제를 모았다. 우스꽝스러운 헤어스타일에 보는 사람이 먼저 웃음을 터뜨리고, 자연스럽게 노라조 특유의 유쾌한 분위기에 젖을 수 있도록 유도하는 것이다.

그밖에도 개성 있는 걸그룹 '2NE1'의 산다라 박은 야자수 머리로 파격적인 변신을 시도했고, 랩퍼 '데프콘'은 폭탄머리로 강한 인상을 남긴다.

드라마에서도 역할에 따른 전형적인 헤어스타일이 있다. 대개 명랑한 '캔디형' 캐릭터들은 짧은 단발머리를 하고, '미인형' 캐릭터는 긴 생머리를 선호한다.

**노출된 세상, 평범한 나를 위한 이미지관리**

이미지관리는 연예인의 전유물이 아니다. 우리는 그 어느 때보다 이미지가 중요한 세상에 살고 있다. 대중의 인기를 끄는 직업을 가진 사람들뿐 아니라 이제는 일반인들도 실제 어떤 사람인가보다는 어떻게 보이느냐가 점점 중요해지고 있어, 사회적 문제가 될 정도다.

이는 무엇보다 우리가 노출된 세계에 살고 있기 때문이다. 주변을 둘러보라. 인터넷, 트위터나 페이스북 등 우리는 자신도 모르는 사이에 외부에 노출되고 있다. 내 의지와 상관없이, 나의 말 한마디 없이, 사람들은 나를 평가하고 있다. 내가 나를 알리기도 전에 나의 평판에는 이미 흠집이 나 있을 수도 있고, 반대로 아무 이유 없이 사람들이 나를 좋아하는 경우도 있다.

그 결과 예전에는 정치인, 연예인 등 소위 '공인'들만 이미지관리에 신경을 썼지만, 이제는 일반 개인들까지도 이미지관리에 힘쓰지 않으면 안 되게 되었다. 가장 손쉽게 이용하는 것이 성형수술이다. 대학생들이 방학만 되면 통과의례처럼 성형수술을 하는 것도 자신의 이미지를 매력적으로 만들어 타인에게 호감을 얻기 위해서다. 외모가 훌륭한 사람은 그렇지 않은 사람에 비해 보이지 않는 여러 혜택을 누리고 있는 것이 현실이기 때문이다.

그래서인지 요즘 주변을 둘러보면 예쁘지 않은 사람이 없다. 옷을 못 입는 사람도 찾기 힘들며, 얼굴의 부족한 부분을 커버해주는 헤어스타일도 다양하다. 뷰티산업은 그 어느 때보다 성장하고 있다. 하지만 지금껏 살펴보았듯이 이미지관리란 이렇게 간단한 문제가 아니다.

오히려 너도나도 외모가 훌륭하기 때문에 차별점이 없다. 따라서 그만큼 비언어 이미지가 중요할 수밖에 없다. 과거와 달리 이제 이미지는 외모의 차원을 넘어 훨씬 더 광범위하게 자리 잡고 있다.

**부록 2**

# 어떻게 원하는 이미지를 만들 것인가

개인 이미지컨설팅 과정을 구체적으로 살펴보자. 자신이 원하는 이미지를 구축하는 데 도움을 받을 수 있을 것이다.

이미지에 정답은 없다. 이미지전략가로서 그동안 내가 만났던 의뢰인들은 각기 다른 매력을 지니고 있었다. 중요한 것은 변하지 않을 자신만의 강점을 살리는 것이다. 그리고 한번 구축한 이미지가 지속될 수 있도록 일관성을 유지하는 것이다.

이미지는 크게 두 가지로 나눌 수 있다. 자신이 생각하는 자신의 이미지, 그리고 남이 보는 자신의 이미지다. 그런데 이미지관리라고 하면 흔히 후자, 즉 남에게 보이는 자신의 이미지를 생각하는 경우가 많다. 물론 남에게 보이는 이미지도 중요하고, 단기적으로는 어느 정도 효과를 발휘하기도 한다. 하지만 이는 장기적으로 지속하기도 힘들거니와, 보이는 이미지에만 신경쓰다보면 상황이 바뀔 때 당황하기 쉽다.

예를 들어 다소 소심해 보이는 자신의 이미지가 마음에 들지 않아 이해심 많고 털털한 사람으로 보이기 위해 자존심이 살짝 무너지는 상황에서도 애써 태연하게 웃는다거나, 상사에게 깨질 것 같아 마음이 불안하면서도 남들에게 쿨하게 보이기 위해 아무렇지 않은 듯 행동한다고 하자. 이런 이미지가 얼마나 지속될 수 있을까?

경험해본 사람은 어떤 말인지 바로 깨달을 것이다. 이해심 많고 여유 있는 쿨가이로 보이고 싶어 웬만한 일은 참고 지내다가 어느 순간 부정적인 모습을 노출하게 되면 그동안 쌓은 노력이 물거품 된다. 오히려 한번 무너진 이미지는 다른 사람에 비해 더욱 나쁘게 비친다. 그동안 소위 '가식적'으로 행동한 것이기 때문이다. 이럴 때는 어떻게 해야 할까?

## 빈발효과의 활용

심리학에는 빈발효과Frequency Effect라는 게 있다. 어떤 일이 빈번하게 일어나면 이전의 일을 지우게 되는 현상을 말한다. 좋은 일과 나쁜 일, 모두에 적용할 수 있지만 우리가 이용해야 할 때는 나쁜 일이 일어났을 때다. 가령 위와 같이 한 번의 실수로 그동안의 노력이 허사가 된 경우라면 좋은 이미지를 계속해서 노출시킴으로써 앞서 보여주었던 안 좋은 이미지를 지우게 하는 것이다. 이런 일은 주위에서 얼마든지 볼 수 있다. 대마초나 음주운전 등의 범죄를 저지른 연예인이 사회봉사활동을 꾸준히 하면서 좋은 이미지를 계속해서 보여주는 것도 빈발효과를 이용한 것이다.

물론 이러한 최후의 수단이 있긴 하지만 이미지관리의 핵심은 일관성이다. 구축한 이미지를 꾸준하게 보여주는 것이 무엇보다 중요하다. 한두 번 좋은 이미지를 보여서 큰 점수를 딸 수 있는 상황에서 실수를 하게 되면 그것을 만회하기 위해 몇 배의 노력을 더 기울여야 하기 때문이다. 사람에 따라서는 과거의 안 좋은 모습을 잊지 않고 계속해서 간직하는 경우도 있다.

왜 좋은 이미지를 만들어야 하는가? 남에게 잘 보이기 위함이 아니다. 내 본연의 모습을 상대방으로 하여금 호의적으로 받아들이게 하기 위함이다. 그러므로 진정한 이미지관리는 자신의 실체를 밝히는 것에서 출발한다. 즉, 변하지 않고 일정하게 지속되면서 개인의 근원을 이루는 진면목을 찾아내는 것이 바로 이미지관리의 시작이다. 가식적으로 만들어내는 것은 오래도록 지속하기 어렵고 오히려 사람들을 혼란스럽게 만든다. 시간이 결국 모든 것을 말해주기 때문이다. 어느 순간 보이는 이미지와는 다른 사람임을 알고 나면 상대방은 충격에 휩싸이고 심하면 '저런 사람이었나' 하고 배신감까지 느끼게 된다.

또한 앞서 언급했듯이, 이미지관리를 겉치장에 신경 쓰는 작업이라고 오해하는 경우가 적지 않다. 하지만 자신의 실체를 드러내는 것이 이미지관리이듯이, 사람의 이미지란 외향의 변화를 통해 얻어지는 것이 결코 아니다.

따라서 자신이 원하는 이미지를 구축하기 위해서는 우선 스스로가 어떤 사람인지 알아야 한다. 그런 다음 원하는 이미지를 정하고 그에 맞게 변화를 주어야 한다. 무엇보다 이것이 근본적인 변화가 되기 위해서는 외모만 바꾸어서는 안 되며 자신이 사용하는 언어, 비언어를 모두 바꾸어야 한다. 마음먹기에 따라 행동이 달라지듯이, 행동을 바꾸면 마음도 달라질 수 있다.

## 이미지컨설팅 과정

나는 지금까지 국무총리, 장·차관, 검찰총장, 국회의원, 교수, 대기업 임원, 방송인 등 각계각층의 인물을 상대로 이미지전략을 수립해왔다. 첫 번째 단계는 해당 인물을 정확히 분석하는 일이다. 이를 위해서는 주변의 평가가 어떤지 먼저 알아봐야 한다. 그런 다음 당사자가 원하는 이미지를 정하고 지금까지 그 사람이 보여준 장점들을 찾아낸다. 이 과정을 원활하게 진행하기 위해서는 의뢰인이 마음을 열고 자신의 이야기를 솔직하게 할 수 있도록 배려해야 한다. 변화를 받아들이는 데에는 믿음이 전제되기 때문이다. 여기까지가 1차 작업이다.

1차 작업이 완료되면 컨설팅 목적에 맞는 방향이 설정되고 본격적인 코칭coaching작업이 시작된다. 물론 이미지컨설팅 과정의 단계별 대응은 상황과 인물에 맞춰 변용된다.

## 이미지컨설팅 과정

| 1단계 | 사전분석 | 조직 구성원 평가 | ⇐ 이전 조직 | |
| --- | --- | --- | --- | --- |
| | | | ⇐ 현 조직 | |
| | | 개인 이미지 분석 | 성향 / 스피치 / 보디랭귀지 / 외적 이미지 | negative / positive 도출 |
| | | SWOT 분석 | 대내외적 기회와 위협 요인 | 이미지 강점 찾기 |
| 2단계 | 콘셉트 포지셔닝 | 전략적 이미지 도출 | | |
| 3단계 | 이미지 구현 | 언어 – 비언어커뮤니케이션 코칭 | | |
| 4단계 | 이미지 트레이닝 | 미디어 – 청문회 – 기자회견 – 간담회 대응 | | |
| 5단계 | 지속적 이미지 창출 | 보완 / 리스크 관리 / 언론 노출 방식 제안 | | |

\* SWOT 분석 : 강점과 약점, 대외적인 기회와 위협 요인에 따른 분석 방식
\* 유형분석프로그램 www.yerago.co.kr

조금 까다롭고 복잡해보일지도 모르겠다. 이것은 대중 앞에서의 이미지를 염두에 두고 이루어지는 전문가의 컨설팅방법이기 때문이다. 이것을 그대로 따라할 필요는 없다. 이를 참조로 자신의 현재 이미지를 분석하고 원하는 이미지를 설정한 뒤 이 책에서 알려주는 방법에 따라 트레이닝한다면 굳이 전문가를 찾아가지 않아도 '매력적이고 끌리는 사람'이 될 수 있을 것이다. 다음의 사례를 보면 이미지컨설팅 과정이 좀 더 구체적으로 와 닿을 것이다.

사례 ▶ 우리 전무님이 달라졌어요

글로벌 전자 업체에서 20년간 일해 온 김 부장의 얘기다. 160센티미터 대의 크지 않은 키, 오랫동안 유지해온 2대8 가르마는 그동안 연구에만 매진해온 전문가임을 한눈에 느끼게 했다. 연구원에서 임원으로 승진하는 단계에 이르자 김 부장은 고민에 빠졌다. 과연 전체 연구조직을 이끌 리더십을 제대로 보여줄 수 있을지, 주변의 걱정이 많았기 때문이다.

[ 1~2 단계 ] 사전 분석 및 콘셉트 포지셔닝

성향분석 프로그램 분석 결과 김 부장은 신중한 안정형으로, 예측 가능한 결과를 성취하고 자제력을 갖췄으며, 부드러우면서도 순응적인 모습의 리더형으로 분석됐다. 실제로 김 부장은 대화할 때 한 번도 반말을 섞지 않을 정도로 겸손했다. 상대방을 배려하는 마음과 자신의 분야에 대한 전문성은 그가 가진 탁월한 장점이었다.

아쉬운 점은 소곤거리는 말투 때문에 자신감이 부족해보이고 남의 말을 오래 경청하나보니 불필요한 상황에서 말을 과감히 끊지 못하고 주저하는 경우가 많다는 것이었다. 게다가 작은 회의나 프레젠테이션에서도 동작이 지나치게 소극적이어서 전문성과 적극성을 제대로 부각시키지 못했다. 부드러운 리더십은 살리고 강한 추진력과 결단력을 보여줄 수 있는 리더의 이미지를 보완해야 하는 상황으로, 카리스마 리더십을 어떻게 형성할지가 가장 큰 과제였다.

## [ 3단계 ] 이미지 구현

일단 외형적 변신을 꾀했다. 평범한 교장선생님 느낌의 복장과 헤어스타일, 안경과 액세서리를 모두 바꿨다. 그의 피부는 밝고 붉은빛이 감돌았는데, 노란색의 옷을 입으면 입 주변의 이른바 '팔자주름'이 도드라졌지만 푸른빛의 옷을 입으면 얼굴이 보다 화사해지고 홍조 기운이 상대적으로 줄어들었다. 젊고 건강한 느낌을 살리기 위해 비즈니스 수트$^{suit}$는 그레이$^{gray}$와 네이비$^{navy}$ 계열의 핀 스트라이프$^{pin\ stripe}$ 무늬를 추천하고, 셔츠는 화이트$^{white}$와 연한 블루와 핑크$^{pale\ blue\ \&\ pale\ pink}$를 선택했다. 또 키를 좀 더 크게 보이기 위해 지나치게 길게 입던 정장의 길이를 짧게 조정했다. 왜소한 몸집의 고 박정희 대통령도 짧은 수트와 바지 기장을 선호했다.

## [ 4단계 ] 이미지 트레이닝

연구직 수장으로서 각종 회의와 프레젠테이션에 자주 참석해야 하는 만큼 세련되고 자신감 있는 말투와 몸짓에 주안점을 두었다. 허리를 곧게 펴고 자신감 있는 손동작을 구사하며 스피치 할 때의 걸음걸이와 시선, 표정 등 비언어적 요소를 중점적으로 코칭했다.

예를 들어 단상에 서는 자세로는 부적합한 한 쪽 다리로 기대어 서는 습관을 버리고 고르게 어깨 폭으로 다리를 벌리도록 했다. 시선은 7대3 법칙에 따라 청중을 7, 스크린을 3의 비율로 쳐다보도록 했다. 손동작은 손바닥이 청중에게 잘 보이도록 높이 들게 했고, 양 손이 목과 허리 사이에서 움직이도록 조정함으로써 자신감이 돋보이도록 했다. 어색하게 뒷짐을 지는 자세는 양 손에 포인터나 펜을 들어 보완했고, 직원들과 가볍게 갖는 회의에서는 나머지 한 손을 주머니에 넣어 어색함을 줄였다. 전문가다운 의사소통 능력에 그동안 부족했던 비언어적 요소를 개선한 것이다. 이 임원은 비교적 성공적인 피드백을 받았으며, 외부 인사로부터도 '연구원 출신답지 않은 카리스마와 세련됨이 엿보인다. 역시 임원답다'는 평가를 받았다.

사례 ▶ '아줌마' 장관 후보자의 고민

**[ 1단계 ] 사전 분석 - 대내외적 위협 요인과 이미지 강점 파악**

몇 년 전, 50대 여성 장관 후보자가 나를 찾아왔다. 인사청문회를 한 달여 앞둔 상황이었다. 그녀의 성향과 장단점에 대한 1차 분석이 시작됐다. SWOT 분석 결과, 외부 환경을 놓고 보면 새로운 여성 정책에 따른 기대감이 커지고 있는 데 반해, 여성부 자체의 인지도가 낮고 정부 부처 수장에 대한 국민적 지지도가 부족하다는 점이 위협 요인으로 지적됐다.

다음은 후보자 개인에 대한 평가 분석. 본격적인 면담을 통해 개선이 필요한 부분이 조금씩 발견됐다. 후보자는 짧은 곱슬머리에 안경을 썼는데 푸근한 인상이 지나치게 강했다. 여기에다가 무릎 아래로 내려오는 치마에 옷깃이 없는 부드러운 곡선 느낌의 정장은 전형적인 어머니상, 얌전한 현모양처로 인식될 가능성이 높았다. 온화하고 부드러우며 경청하는 자세는 훌륭했지만 자칫 리더십이 부족해 보일 수도 있었다.

사실 그 후보자는 학생회장 출신으로 리더의 경험을 충분히 갖춘 인사였음에도 대외적인 이미지는 그녀의 강한 리더십을 반감시키고 있었다. 실제 면담 과정에서 후보자는 자신감 있는 목소리에 잘 곁들여진 유머를 구사했고, 노련하고 부드러운 리더의 이미지를 풍겼다. 단지 정치적 경험이 부족해 자신의 품성과 성향을 대중에게 표출하는 데 서툴렀을 뿐이다.

후보자의 행동 유형을 진단한 결과 '사실주의의 두뇌형'으로 분석됐다. 이성적 사고가 강한 사실주의자인 것이다. 매사에 조심성 있게 행동하며 말수가 적고 차분한 이미지의 소유자다. 기본적으로 말과 상황을 판단하는 데 분석적인 습성을 갖고 있으며, 지나칠 경우 피곤하고 까다로운 사람이라는 인상을 줄 수도 있다.

### [ 2단계 ] 콘셉트 포지셔닝 positioning

분석을 마친 뒤 장관 후보자의 이미지 포지셔닝이 이뤄졌다. 이미지 콘셉트는 온화한 추진력을 가진 합리적 리더십의 수장, 더불어 대한민국 주부들마저 동질감을 느낄 수 있는 여성 전문가였다.

이에 따라 외부 행사 등에서 후보자 스스로 일과 가정을 가진 여성으로서의 개인적인 에피소드를 충분히 공개해 주위에서 동질감을 느낄 수 있도록 하고, 풍부한 감정 표현을 위해 보다 큰 보디랭귀지를 하도록 했다. 아울러 미디어에 노출될 경우 평소 즐겨 찾던 동대문 시장을 선택해

이 같은 점을 부각시키도록 했다.

### [ 3단계 ] 이미지 구현 – 색감과 복장

후보자의 온화한 이미지를 강조하기 위해 부드러운 색감을 사용한 그라데이션 코디Tone on tone or Tone in tone를 추천했고, 미디움 콘트라스트Medium Contrast를 연출하도록 했다. 또한 부드러운 이미지에 추진력 있는 리더 이미지를 보강하고자 반드시 라펠lapel이 있는 정장을 권했다. 무엇보다 전문가의 느낌을 반감시키는 곡선의 의상은 최대한 배제했다.

보통 정치인의 아내는 전업주부임을 강조하기 위해 보우 블라우스(리본 블라우스)를 자주 입는다.

### [ 4단계 ] 이미지 트레이닝

이미지 노출 방식의 핵심은 미디어 전략이다. 1차 훈련에서는 가상 인터뷰와 브리핑 실전 연습을 진행하고 카메라 대응 요령을 숙지한다. 상황은 실제와 가깝게 전문 사진기자와 방송국 프로듀서가 참여해 조언한다. 2차 훈련에서는 자신만의 색깔personal color 및 화장법make-up에 대한 분석과 보완 작업을 하면서, 최종 미디어 전략 대응훈련으로 카메라테스트 리허설을 실시한다. 이런 노출 훈련에 충분히 적응한 뒤에야 프로필 사진도 촬영한다.

> ※ 인터뷰 화면(사진) 촬영의 요령
> 1. 인터뷰하는 사람의 눈을 똑바로 쳐다보며 편하게 대화를 나눈다. 눈을 내리깔거나 산만하게 주위를 보면 자신감이 없거나 집중하지 못하는 것처럼 비친다.
> 2. 자연스러운 손동작을 쓰면 전달력과 집중력이 높아진다.
> 3. 카메라 렌즈에 직접 시선을 두지 않는다. 시청자의 시선을 직시하게 되어 자칫 부담감을 줄 수 있다. 단, 경우에 따라서는 시청자(수용자)의 시선을 응시해야 하는 경우도 있다.
> 4. 편안한 질문에는 부드러운 태도로 답변하지만 시사 현안이나 무거운 질문에는 힘주어 말한다. 부드러운 이미지에 지나치게 매달리면 현실감이 떨어진다.
> 5. 만년필이나 책과 같은 적절한 소품을 활용하면 지루함을 덜고 역동적으로 보일 수 있다.

## [ 5단계 ] 지속적 이미지 창출

후보자 내면의 역동적 이미지를 강조하기 위해 PI$^{personal\ identity}$ 마케팅 차원에서 지속적인 여성 일터 방문을 요청했다. 비우호적인 대외 위협 요인을 약화시키기 위해 꾸준한 미디어 노출을 시도하고 지도력과 추진력을 강조하도록 했다. 또 여성 지도자로서 파트너십의 중요성을 강조할 목적으로 전신애 전 미국 차관보와 만남을 주선해 언론 노출을 시도하기도 했다. 전 전 차관보는 아시아계로는 최초로 미국 일리노이 주 장관을 거쳐 미연방 노동부 여성국 차관보를 지낸 입지전적인 인물로, 여성가족부의 대외적 이미지에 긍정적인 영향을 미쳤다.

부록 3

# 명성에 영향을 미치는 이미지

## 학력과 이미지

우리 사회에는 학력 핸디캡(?)을 극복하고 성공한 사람에게 존경과 박수를 보낸다. 상업고등학교 출신인 노무현 대통령도 그런 인물 가운데 한 사람이다. 그러한 이력은 청소년 시절 그의 꿈과 정서를 짐작케 한다. '재상이 되기 위해 얼마나 노력했을까?', '의지가 얼마나 강할까?' 사람들로 하여금 이런 생각을 하게 만들었다면 노 대통령은 정치인으로서 강인한 이미지를 구축하는 데 성공했다고 볼 수 있다.

세계적인 기업가이자 애플의 최고경영자였던 스티브 잡스는 리드대학을 중퇴했다. 하지만 이러한 사실은 오히려 그가 소신이 강하고 창의적이며 도전적인 사람이라는 인상을 안겨주었다. 새로운 대중음악을 선사한 국민적 가수 서태지도 공업고등학교 중퇴다. 하지만 고등학교 졸업장이 없다고 해서 그의 실력을 인정하지 않는 사람은 없다. 우리는 서태지를 음악에 자신의 모든 것을 건 가수, 자기만의 색이 확실한 가수로 기억한다. 이렇듯 학력이 부족해도 실력만 갖추면 오히려 이러한 사실이 그들의 브랜드 이미지를 더욱 긍정적으로 만들어주는 강점이 된다.

그런데도 우리 사회에는 학력위조라는 말이 잊을 만하면 한 번씩 언론을 장식한다. 학력은 평생 지녀야 할 자신의 이미지다. 개인의 삶에 적지 않은 영향을 미치는 것도 사실이다. 그렇기에 자칫 실수를 하는 경우를 보기도 한다.

학력 위조로 물의를 일으켰던 신정아 씨를 검색해보면 아직도 인물 정보에 '전 대학교수'라고 되어 있다. 2007년 신정아 사건 이후 여러 유명 인사들의 학력위조 문제가 드러났는데도, 아직까지 학력위조로 자신의 부가가치를 높이고자 하는 사람들이 있다는 것은 안타까운 일이다. 유명한 어느 강사는 해외에 세미나를 다녀오고 나서 외국대학을 졸업한 것으로, 또 어느 베스트셀러 작가는 해외연수를 다녀온 뒤 유명 대학을 졸업한 사람으로 대중에게 자신을 부끄럼 없이 소개했다.

이렇게 학력을 위조하는 것은 부족한 실력을 포장하고 싶어 하는 것으로밖에 볼 수 없다. 하지만 자신있게 내세울 수 있는 무언가가 없기에 학력으로만 포장하는 것은 넌센스다. 자신의 부가가치를 높이기 위해 멋진 학력이 필요하다면 시간과 열정을 들여 공부하고 만들어가야 한다.

대부분의 사람들은 성공하기 위해서는 학력이 좋아야 한다고 생각한다. 사실 좋은 학력, 나쁜 학력이라는 것은 없다. 목표가 분명한 사람에게 학력은 이미지 전략 중의 하나로 활용될 뿐이다.

한때 인터넷을 뜨겁게 달구었던 타블로의 사례가 빠질 수 없다. 전문지식이 없는 대중들이 타블로의 천재성과 음악성을 긍정적으로 평가했던 요인 중에는 그의 학력도 있었다. 스탠포드대학교 창작문예학사와 동대학원 영문학 석사과정 수석 졸업은 그에 대한 강력한 초두효과를 일으켰고, 그의 또 다른 모습까지 긍정적으로 평가하게 되는 맥락효과까지 일으켰다. 타블로에게 있어 이 점은 다른 가수들이 쉽게 취할 수 없는 아주 훌륭한 이미지전략이라 할 수 있다.

그러나 학력이 모든 것을 말하는 시대가 아니다. 학자가 학문적 깊이를 위해 박사학위를 받는 것과, 연예인의 꿈을 키우는 청소년들이 현장으로 바로 뛰어드는 것은 이제 다를 것이 없다. 학력은 그들이 목표를 달성하는 과정에 따르는 하나의 이미지일 뿐이다.

학력은 남들에게 보이기 위한 것이 아니라 약점을 보완하고 더욱 강해지는 수단이 돼야 한다. 부족한 학력일지라도 그 이미지를 통해 얼마든지 자신의 업무실력과 부가가치를 높일 수 있다. 개인의 브랜드는 보이는 것이 다가 아니다. 세월이 가면 학력이라는 것은 나의 평판관리를 위한 이미지에 불과하다. 전략적으로 활용하는 것은 본인에게 달렸다.

## 정치 인맥과 이미지

노무현의 30년 지기 문재인 이사장은 노무현 대통령이 '노무현의 친구 문재인이 아니라, 문재인의 친구 노무현'이라고 말할 정도로 신뢰했던 평생의 동지다. 참여정부 시절 청와대 비서실장과 민정수석을 지내고 현재 노무현 재단 이사장을 맡고 있는 그에게는 살아있는 노무현이 보인다.

20대의 나이에 어머니 대신 '국모國母'의 역할을 담당하며 가까운 거리에서 정치를 체험한 박근혜 위원장은 '귀족의 딸'이라는 이미지를 버리기가 쉽지 않다. 김정은 북한 노동당 부위원장은 아버지 김정일과 할아버지 김일성의 후광효과를 받은 인물이다. 그는 후계자로서의 활동을 하기 전과 지도자로서 노출된 모습이 사뭇 다르다. 아버지 김정일이 살아 있을 때는 할아버지 김일성의 30대 후반 모습을 연상시키는 외양으로 미디어에 등장해 어린 나이를 극복한 강한 지도자 이미지를 어필하기도 했다.

정치가들이 공격을 피하는 방법 가운데 하나는 자신이 인기 있다는 인상을 주는 것이다. 이는 단순한 심리학적 원리에 근거를 두고 있는데, 평판이 좋은 사람에 대해서는 대부분 호의적인 감정을 품게 마련이다. 중요한 것은 그들의 참된 자질이 아니다. 우리로 하여금 누군가를 지지하고 싶게 만드는 것은 남들이 그 사람을 좋아하거나 숭배한다는 사실이다. 정치가들에게도 사정은 마찬가지다. 그들이 사랑받고 숭배 받는 것을 볼

수록 그들에 대한 우리의 평가는 더 높이 올라간다. 정치가들은 이 과정을 훤히 꿰뚫고 있으며 따라서 주위에 숭배자들을 거느리기도 한다.

정치가들은 일반 대중과 골수 지지자 그리고 흠모하는 배우자, 이렇게 세 부류의 숭배자들을 거느리고 있다. 미국 대통령 부인의 역할은 전통적으로 그저 대통령 옆에 서 있는 것이라고들 생각한다. 예를 들어 '남편 곁에 묵묵히 앉아 남편의 모자가 똑바로 씌워졌는지를 챙겨주는 것'이라고 믿는다. 사실상 대통령 부인의 주요한 임무는 항상 남편을 주의 깊게 바라보고 그에게 감동을 받은 듯한 포즈를 취함으로써 다른 사람들의 눈에 대통령을 부각시키는 것이다. 클린턴에 대한 힐러리 클린턴의 지지는 애정 어린 것이었다.

대통령이나 수상들도 자신들이 아내를 얼마나 흠모하는지 과시한다. 하지만 이런 일은 드물고, 종종 반어적이기도 하다. 케네디 대통령 내외가 국빈으로 1961년 프랑스를 방문했을 때 재키의 인기는 절정에 달해 있었다. 연회장에서 케네디는 자신이 재키의 파리 방문을 수행한 사람으로 기억될 것이라며 농담조로 말했다. 심리학자들은 매력적인 여성과 관련된 남성들은 다른 남성들로부터 엄청난 찬사를 받는다는 섬을 발견했다. 재키에게 관심을 돌리고 반어적인 어조를 구사해 케네디는 스스로 덕을 본 것이었다.

정치인을 향한 대부분의 추종은 그 정치인을 직접 보거나 들은 사람들에게서 유래하기 때문에 그들 곁에 누가 있느냐는 정치적 이미지를 만들어가는 데 중요한 전략적 도구로 활용된다. 이는 정치인뿐 아니라 기업의 CEO도 마찬가지다.

하지만 평범한 사람이 이미지관리 차원에서 인맥을 전략적으로 활용하려 한다면 추천하고 싶지 않다. 분명 내 곁에 누가 있는지는 나의 평판에 영향을 미친다. 하지만 우리는 표를 얻기 위해 사람을 관리하는 정치인이 아니다. 제대로 된 정치인들은 자신만의 사람을 오랫동안 곁에 두고 강한 인맥을 자랑하기도 한다. 하지만 그렇지 못한 정치인들의 인맥 활용을 보다보면 불편하기까지 하다.

일반적으로 우리는 참으로 많은 사람들과 관계를 맺으려 하고 인맥수첩을 채워가려고 한다. 하지만 그 수많은 사람들을 진정한 나의 인맥으로 만들기에는 무언가 부족한 느낌이다. 이름을 알고 서로 간단한 정보만을 공유하는 사람들이 추후 서로에게 어떤 도움을 줄 수 있을까?

인맥은 수직적 관계가 아니라 수평적인 관계가 되어야 한다. 인맥은 '상호 커뮤니케이션'으로 인해 완성된다. '일방적인' 의사소통으로는 도저히 이룰 수 없는 것이다. 마치 '사랑'이 완성되기 위해서는 당사자인 남자와 여자 모두가 합의를 해야 하는 것과 마찬가지다. 남자가 일방적으로 여자를 좋아한다든지, 혹은 정반대의 경우라면 그것은 '사랑'이 아닌 '짝사랑'이 되고, 심한 경우 '스토킹'이 되고 만다.

인맥도 마찬가지다. 누군가와 인맥을 맺고 싶다고 해서 쉽게 맺어지는 것도 아니고, 또 누군가가 나에게 인맥을 맺고 싶다며 프로포즈(propose)를 해와도 나는 언제든 그것을 거부할 권리가 있다. 서로가 서로에게 매력을 느꼈을 때 비로소 진정한 '인맥'이 형성되는 것이다. 이것이 바로 인맥 디자인이다.

인맥이 좋은 사람들은 대체로 자신이 인맥을 위해 무슨 노력을 하는지 상대방이 알지 못하게 한다. 이들은 조화가 잘 된 디자인처럼 사람들과 자연스럽게 어울리고 그들 속으로 스며들어간다. 아무런 강요도 하지 않고 억지스럽지도 않게 상대의 도움을 이끌어내고 자신만의 독특한 멋을 발산해 타인의 시선을 집중시킨다.

나와 함께 할 사람을 만나는 것, 즉 인맥 디자인은 내 실체를 드러내는 또 하나의 아주 중요한 이미지 요소다.

## 매너와 이미지

매너는 사랑, 존중, 존경이라는 내적인 이미지로 자신의 실체를 보여주는 것이다. 이것은 습관이고 태도이기 때문에 가식적일 경우 상대방을 불편하게 만들기도 한다.

어느 심리학 책에서 재미있는 실험 이야기를 읽은 적이 있다. 미국 대학생들에게 퍼즐을 시키면서 그중 절반의 학생에게는 성적에 따라서 돈을 주고 나머지 학생에게는 한 푼도 주지 않았다. 그 결과 흥미롭게도 보수를 받은 학생들이 그렇지 않은 학생보다 퍼즐에 대한 흥미를 더 빨리 잃었다. '내가 원해서 한다'는 자율적인 느낌이 돈을 받음으로 인해 '시켜서 한다'는 굴욕감으로 변했기 때문이다.

친절이나 매너도 마찬가지이다. 강요가 아니라, 마음에서 우러나오는 것이라면 일반적인 룰과 조금 다르다고 해도 관계없다. 중요한 것은 상대방을 배려하는 마음인 것이다.

사회생활을 할 때는 상대방을 배려하는 마음씀씀이가 절실하게 요구된다. 원만한 인간관계는 빼놓을 수 없는 사회생활의 중요한 요건이기 때문이다. 언젠가 CEO 모임에서 어느 벤처기업 대표가 했던 말이 있다. 책상을 보면 사람의 성격은 물론 일하는 태도를 알 수 있다는 것이다. 이 말은 곧 직장인이라면 업무능력 향상을 위해, 그리고 함께 일하는 동료를 위해 무엇보다 주변을 잘 정리해두어야 한다는 것이다. 주변이 어지럽고 산만하면 업무능력이 떨어질 뿐만 아니라 실수가 잦을 수밖에 없다. 필요한 물품을 찾느라 시간을 허비하기도 하고 이래저래 주위 사람에게 폐를 끼치게 된다.

우리는 많은 사람들과 더불어 살아가고 있다. 혹시 자기도 모르게 상대방의 마음에 상처를 주지는 않았는지, 나의 이기적인 행동이 상대방에게 피해를 주지는 않았는지 생각해보자. 매너는 거창한 것이 아니다. 작은 몸짓 하나, 말 한마디라도 상대방을 배려하는 진심이 배어 있다면 그것이 바로 매너다.

세상을 바꾸려 하기보다는 자신의 생각 하나를 바꾸는 것이 중요하다. 다른 사람이 나에게 맞춰주기를 바라기보다는 내가 먼저 변화하고, 내 생각을 고집하기 이전에 상대방의 입장을 먼저 생각해본다면 얼마든지 매너 좋은 사람이 될 수 있다.

매너에 있어서 또 한 가지 중요한 점이 있다면 바로 상대방을 존경하는 마음이다. 상대방에 대해 존경하는 마음을 가지면 그 사람의 실수에 대해 알고도 모르는 척 넘어갈 수 있고, 상대방이 무안함을 느끼지 않는 선에서 잘못된 점을 시정하는 방법을 찾아볼 수 있다.

직장생활을 하다보면 상사로부터 잘못을 지적받기도 하고, 아랫사람의 잘못을 지적해야 하는 경우도 있다. 그럴 때 감정이 앞서서 상대방 입장은 생각하지도 않고 소리부터 지르게 되면, 잘못을 지적받은 사람은 자신의 잘못을 인정하기에 앞서 꾸짖는 상사에 대한 원망이 먼저 생길 것이다. 잘못을 지적받은 사람뿐만 아니라 주변사람들 역시 공개적인 질타를 좋게 생각할 리 없다. 상사라면 상사답게 좀 더 깊이 생각하고 넓은 아량을 베풀 줄 알아야 한다. 진정한 상사라면 부하직원을 존경할 줄 알아야 한다. 존경의 대상을 높은 사람으로만 한정짓는 것은 어리석은 일이다.

앞서 살펴본 인물들 역시 세상을 변화시키려고 노력하기보다는 먼저 스스로 변화하고 남을 배려했다. 교과서적인 원칙의 상징, 반기문 총장은 공인으로서 기본 매너를 가장 잘 지키는 인물이다. 한 전문가는 그의 생존 키워드로 '좋은 매너'를 꼽기도 했다. 본문에서 밝혔듯이 그는 자신의 고향인 음성에 직접 찾아가 감사의 인사를 전하고, 돌아온 뒤에도 군수에게 친필 사인이 된 감사편지를 보낼 만큼 세심한 매너가 몸에 배어 있다. 힘든 사람을 찾아가 함께 울어주는 김황식 총리의 마음씀씀이 또한 배려에서 나온다. 유재석은 항상 주변사람들을 먼저 챙기고 나보다는 우리, 개인보다는 집단을 위해 봉사하는 이미지를 보여준다. 상대를 배려하는 유재석의 대화 진행방식은 이미 잘 알려져 있다. 유재석의 배려는 심지어 이후에 데뷔한 스타들 사이에서 '소통'의 새로운 가치를 만들기까지 했다. 남을 배려하는 매너 습관이야말로 그들이 오래도록 명성을 유지할 수 있는 중요한 이미지 요소라 할 수 있다.

## 도덕적 결점과 이미지

10년 전 모 은행장의 이미지컨설팅 작업에 참여한 적이 있다. 1차적으로 나는 그가 은행장에 오르기까지 겪어온 일들과 경쟁 은행장과의 차이점을 분석했다. 그런 다음 어떤 이미지로 자리매김 positioning 해야 할지를 생각했다. 분석 결과, 최종적으로 선택된 공식적인 이미지는 '부드러운 울림이 있는 은행장'이었다. 그래서 발표문을 내거나 기자회견에 임할 때 발언 speech 태도를 그 이미지에 맞춰 진행하도록 조정했다.

대중이나 은행 내부 구성원을 대할 때에는 조금 차별적인 이미지를 제시했다. 예를 들어 '밥 퍼주는 은행장'의 소탈함, '메신저로 소통하는 은행장'의 친근함 등을 대표 이미지로 키워나간 것이다.

다음은 이런 이미지를 구현할 구체적인 방법을 제시했다. 콘셉트에 맞는 첫인상, 표정, 자세, 옷차림, 제스처가 중요한 요소였다. 규모가 큰 행사를 앞둔 경우 리허설도 함께 코칭했다.

하지만 이 컨설팅 작업은 개인적으로 아쉬움이 많이 남는다. 컨설팅과정에서 그 은행장은 외적인 이미지를 덧입는 데는 의욕을 보였지만 자신의 생각을 터놓고 얘기하려는 노력에는 다소 인색했던 것이다. 의뢰인에게 충분한 신뢰감을 주지 못한 내 탓이기도 했다.

한참 지난 뒤 이 은행장은 불미스러운 사건과 함께 불명예 퇴진하고 말았다. 이미지란 단기간에 이루어지는 것이 결코 아니다. 다시 한번 강조하지만 이미지컨설팅의 기본 목적은 주위의 오해를 살 만한 불필요한 행동 요소를 제거하고 자신의 본 모습이 가진 장점을 최대한 부각시키는 것이다. 이를 유지하고 발전시켜나가는 데는 개인의 추가적인 노력이 반드시 뒷받침되어야 한다. 본인의 능력을 과장하거나 도덕적 결점을 감추는 것은 결코 이미지컨설팅의 목적이 될 수 없다.

부록 4

# 렉처퍼포먼스(Lecture Performance)과정

세계 최대 이미지컨설턴트협회인 AICI[Association of Image consultants International]의 국제 프로그램과 연계한 ㈜예라고 부설 한국이미지전략연구소[KISI]는 기업과 개인을 대상으로 고품격 서비스를 지원하고 각계각층의 전문가들을 트레이닝 하고 있다. 다양한 글로벌 활동을 통해 대한민국의 브랜드 가치를 향상시키는 데 이바지한 인물에게 '대한민국 브랜드이미지 어워드'를 수여한 바 있으며, 수상자로는 문화예술 부문 김연아 선수, 방송인 부문 배용준 씨, 기업인 부문 서경배 대표, 교육 부문 안철수 교수 등이 있다.

또한 이미지 전문가들의 글로벌 네트워크를 형성하고 한국산업의 미래지향적 문화를 구축하는 데 필요한 국제 세미나 개최와 배려 캠페인도 진행하고 있다.

한국이미지전략연구소[KISI]에서 진행하는 렉처퍼포먼스와 비언어커뮤니케이션 교육과정을 소개한다.

국내 최초로 시도되는 렉처퍼포먼스Lecture Performance과정은 비언어커뮤니케이션에 관한 연극식 강연 및 코칭 프로그램으로, 비언어 전문가와 연극인들이 함께 참여한다.

### 연극식 강연 및 코칭 과정

: 렉처퍼포먼스 소통 컨텐츠 ABC

A$^{Appearance}$ : 이미지 콘셉트트 도출에 따른 외적 스타일 연출

B$^{Behavior}$ : 보디랭귀지, 공간 연출법, 인맥 디자인, 글로벌 매너

C$^{Communication}$ : 스피치 트레이닝, 커뮤니케이션 기법

### 비언어커뮤니케이션 전문 교육과정

| 일대일 이미지 컨설팅 | 비언어 리더십과정 |
|---|---|
| ■ 포지션에 따른 퍼스널브랜드 구축과 관리<br>■ 명성관리 PI(President / Personal Identity) 컨설팅<br>■ 전문분야별 이미지 기운 쉘링 | ■ 리더의 비언어커뮤니케이션 유형 진단<br>■ 비언어 유형에 맞는 강.약점 분석 및 방향 제시<br>■ 감성 소통과 팀워크 향상을 위한 비언어의 이해<br>■ 성과 향상을 위한 파워풀 카리스마 |
| 명강의 전략과정 | 글로벌 전문가 양성과정 |
| ■ 인지도를 높이는 전략과 명강의 핵심 노하우<br>■ 전달력을 효과적으로 향상시키는 교수 기법<br>■ 힘 있는 파워스피치, 카리스마 기법 | ■ 국제 이미지컨설턴트 양성 과정<br>■ 국제자격증 단계별 관리<br>FLC(First Level Certificate) – CIP(Certified Image Professional) – CIM(Certified Image Master) |

문의 : 한국이미지전략연구소(www.kisi.kr) 02-543-6799

국립중앙도서관 출판시도서목록(CIP)

메라비언 법칙 / 허은아 지음. -- 고양 : 위즈덤하우스, 2012
　p. ;　cm
ISBN 978-89-6086-551-8 13320 : \13000
신체 언어[身體言語]
비언어커뮤니케이션[非言語--]
181.81-KDC5
153.69-DDC21　　　　CIP2012003366

# 메라비언법칙

초판 1쇄 인쇄 2012년 8월 9일　초판 4쇄 발행 2018년 8월 23일

지은이 허은아　펴낸이 연준혁

출판 2본부 이사 이진영
출판 2분사 분사장 박경순

펴낸곳 (주)위즈덤하우스 미디어그룹　출판등록 2000년 5월 23일 제13-1071호
주소 경기도 고양시 일산동구 정발산로 43-20 센트럴프라자 6층
전화 031)936-4000　팩스 031)903-3893　홈페이지 www.wisdomhouse.co.kr

값 13,000원　ISBN 978-89-6086-551-8 (13320)

* 잘못된 책은 바꿔드립니다.
* 이 책의 전부 또는 일부 내용을 재사용하려면
　사전에 저작권자와 (주)위즈덤하우스 미디어그룹의 동의를 받아야 합니다.
* 이 책에 사용된 사진들은 연합포토, 뉴스뱅크이미지와 사용계약을 맺은 것입니다. 저작권법에 의해
　한국 내에서 보호를 받는 저작물이므로 무단 전재 및 복제를 금합니다. 저작권자를 찾지 못한 일부 사진은
　저작권자가 확인되는 대로 사용계약을 맺겠습니다.